1 INTRODUCCIÓN

Este texto fue escrito a principios de 2018. Pedro Sánchez no era presidente en España y VOX era algo aparentemente residual. No significa esto que no tenga sentido leerlo más adelante, faltaría más, pero sí que es un dato que hay que tener en cuenta en todo momento. Las recetas que funcionan hoy serán afortunadamente infructuosas dentro de un tiempo. El candidato ganador de ayer mismo se convertirá en un fracasado en, pongamos, cinco o diez años, puede que antes. Muchos ejemplos a los que se hace referencia en este libro siguen activos, en movimiento constante, y su resultado puede no ser previsible.

Vaya por delante que el objetivo de este análisis no es generar un manual para la victoria. Se trata más bien de entender qué ha sucedido en los últimos años, por qué, y cómo se proyecta el presente hacia el futuro. Más que definir al ganador de unas elecciones, la aventura consiste en entender cómo funciona la sociedad en el nuevo entorno comunicativo, qué mecanismos nos mueven en cada momento a tomar nuestras decisiones como electores o como consumidores, que viene a ser algo muy parecido. El fin último es saber cómo se moviliza nuestro voto, a través de qué puerta trasera se cuelan los candidatos para convencernos de que son la mejor opción cuando acudimos a las urnas.

El contexto es clave, no fue lo mismo votar al PSOE en España en 1982 que al PP en 2017. La tecnología nos ha cambiado, pero el estado de ánimo también. Sin embargo, en el fondo hay motivaciones propiamente humanas que están ahí, que siguen siendo determinantes por mucho tiempo que pase. Las nuevas herramientas no deben enmascarar esa realidad.

En *El Príncipe*, Nicolás de Maquiavelo explicó el funcionamiento de la política a principios del siglo XVI. Lo hizo inspirándose en la experiencia de sus contemporáneos, pero el perfil que retrató sobre los mecanismos del poder entonces sigue siendo válido en muchas ocasiones más de 500 años después.

La distancia entre este análisis y el del florentino es abismal. Por la distancia temporal y, sin duda, por la calidad y la preparación del autor. En todo caso, el objetivo es el mismo: poner a la sociedad ante un espejo, encontrar los mecanismos simples de los que se valen los dirigentes actuales para alcanzar el poder.

Los politólogos y los verdaderos expertos en comunicación política verán en las siguientes páginas una descripción simplista de un entorno complejo. Es algo asumido, ya que, en el fondo, este texto sólo busca generar un debate, comenzar una conversación. Los estudios supuestamente sesudos no llevaron a predecir las victorias de muchos de los candidatos que hoy ostentan el poder, y eso que algunas de ellas eran previsibles mediante un análisis de brocha gorda.

Las herramientas que utilizamos para comunicarnos han generado una transformación que va más allá de lo puramente tecnológico, a veces nos centramos tanto en ellas que no vemos el bosque. El cambio que vivimos hoy es cultural. Las plataformas de comunicación surgidas con el desarrollo de internet han cambiado el modo de relacionarnos, pero esto no significa que el modo que tenemos de interactuar con los demás sea, en el fondo, inédito. Detrás de cada mensaje, de cada conversación, hay humanos intentando influir en humanos, aunque las máquinas, también creadas por humanos, dinamicen y moldeen el proceso.

La comunicación política tiene como objetivo la persuasión, la modificación de opiniones. Para eso es necesario conocer en profundidad a los posibles votantes y ofrecerles en tiempo y forma el mensaje adecuado. El mundo digital aporta un sinfín de herramientas que mejoran este proceso y lo transforman. Hoy en día disponemos de una cantidad de datos prácticamente ilimitada y unas posibilidades de conexión interpersonal inimaginables hace un par de décadas. Sacarle partido a este ecosistema es un reto para todos, pero especialmente para los políticos que quieren ganarse nuestra confianza en las próximas elecciones.

1.1 CONTEXTO: UN RESUMEN SIMPLISTA

Comencemos por un breve repaso a lo que llevamos de siglo XXI, un análisis, lo anticipo, superficial y reduccionista. Simple, porque sólo así se entienden nuestras reacciones como votantes ante una realidad compleja. Sólo mediante silogismos sencillos se abre paso el candidato ganador en medio de un contexto lleno de tonos grises.

El terrorismo en red inauguró el nuevo milenio en Occidente sembrando el pánico de un modo efectivo, eficiente y mediático. La respuesta tradicional a estos ataques, la guerra, no supuso un punto final a la amenaza. De hecho sigue ahí. La economía se sumó a la fiesta de la confusión entre 2007 y 2008, cuando la crisis hipotecaria y la caída de Lehman Brothers afectaron al bolsillo de todos los ciudadanos de un modo directo.

Los políticos que no supieron gestionar adecuadamente esos miedos lo pagaron en las urnas. En Estados Unidos, Barack Obama encarnó la esperanza, en España fue José Luis Rodríguez Zapatero quien sucedió a José María Aznar. El movimiento pendular tuvo que ver más con un cambio de caras que con un viaje del conservadurismo al progresismo. En Reino Unido, el declive laborista se hizo patente abonando el terreno a los conservadores de David Cameron; en Francia, Sarkozy sucedió a Chirac, la izquierda de François Hollande tardó otros cinco años en llegar al poder.

Pero el nuevo terrorismo y la crisis económica resultaron no ser más que síntomas de un cambio mayor. Las nuevas caras no consiguieron aplacar el miedo. Las soluciones económicas derivaron en desigualdad, las respuestas convencionales a la nueva amenaza terrorista no acabaron con el problema. Sólo la incertidumbre se abrió paso de un modo consistente en la ciudadanía.

El origen de este nuevo escenario hay que buscarlo en el cambio tecnológico y cultural. En muy poco tiempo, los avances científicos y tecnológicos han asentado un nuevo contexto, un estado de despiste generalizado que, irremediablemente, está configurando una realidad muy distinta a la que vivimos a principios de siglo.

El ritmo transformador es muy alto, tanto, que sólo unos pocos son capaces de comprenderlo y beneficiarse directamente de él. Los jóvenes directivos de Silicon Valley con visión a largo plazo han conseguido que tres o cuatro empresas modifiquen el mundo en apenas un par de décadas. El resto, y eso incluye a los dirigentes, nos tenemos que refugiar en el corto plazo para tener certezas.

Ofrecer respuestas inmediatas a semejante transformación puede resultar imposible, pero es lo que los ciudadanos esperan de sus clases dirigentes. Cuando las soluciones no llegan en el corto plazo, la confianza se desmorona y el terreno queda abonado para un nuevo modelo de candidato, uno capaz beneficiarse de la confusión, de la ansiedad y el estado de ánimo social para llegar a lo más alto.

Puede que en el fondo no nos fiemos de nosotros mismos. Son múltiples los estudios que lo demuestran. Los últimos elaborados por Metroscopia o Edelman[1] muestran cómo la desconfianza hacia las instituciones elegidas por los ciudadanos, como el gobierno, los parlamentos o los sindicatos no para de crecer. No otorgamos credibilidad a aquellos que elegimos con nuestro voto, este es el estado de confusión en el que nos movemos en este primer cuarto del siglo XXI.

El estado de ánimo social y la falta de confianza se mezclan creando un caldo de cultivo idóneo para quienes son capaces de construir propuestas a partir de los miedos del votante. Ningún candidato parte de cero, todos los que acaban ganando se apoyan en un gran conocimiento de la sociedad, de sus temores y de los mitos que genera para superarlos.

La resaca de la globalización ha llegado a amplios sectores de la población occidental en forma de deslocalizaciones y desigualdad económica. Esto ha supuesto la creación, en muchos casos artificial, de nuevos enemigos, como la inmigración, las instituciones supranacionales, los propios partidos políticos tradicionales, etc. La desconfianza hacia el sistema es patente.

---

[1] Barómetro de confianza de Edelman, 2017. http://blog.corporateexcellence.org/barometro-de-confianza-de-edelman-2017/

La ansiedad y la incertidumbre han provocado que el péndulo vuelva a girar y la generación política surgida tras la guerra de Irak ha sido reemplazada por otra. En los discursos de Donald Trump, Macron, May e incluso Rajoy, el cortoplacismo movilizador se impone como respuesta a la incertidumbre y al miedo. La acción inmediata, sea adecuada o no, supera a la promesa de futuro. Como asumimos que nadie es capaz de ver a largo plazo, caemos en las simples certezas presentes. Buscamos la confianza perdida en las soluciones cortoplacistas. De eso se beneficia hoy el candidato ganador.

1.2 NUEVAS HERRAMIENTAS, NUEVAS REGLAS DE JUEGO

¿Qué fue de King Kong, de los psicoanalistas, del jazz? 091

Es imposible entender el contexto actual sin la tecnología. En el ámbito de la comunicación la transformación ha sido tal que nos cuesta recordar cómo nos relacionábamos hace apenas 15 o 20 años. Vivimos conectados a un flujo de información constante y tenemos la capacidad de interactuar con cualquiera en cualquier momento. Vemos el mundo y nos relacionamos con él a través de una pequeña pantalla que llevamos en el bolsillo. Tenemos unos superpoderes de los que carecíamos hace bien poco que apenas se ven limitados por la duración de las baterías y la proximidad de un enchufe.

Cualquier lector entiende esta transformación digital mirándose a sí mismo, no hace falta extenderse mucho para explicar cómo nos han cambiado la vida internet y su posterior desarrollo. Las nuevas plataformas de comunicación, las redes sociales, nos han ofrecido un modelo de relación altamente satisfactorio en el corto plazo. Ahora nos vemos capaces de conversar con cualquier persona o institución como si fuéramos iguales. Puede que los avances tecnológicos sumen más incertidumbre a nuestro futuro, pero nos ofrecen recompensas inmediatas que disparan nuestra adrenalina y nuestro ego a corto plazo. Y a eso nos entregamos.

Recurriendo a la mitología moderna, hemos vivido una época propicia para los jedis, hemos comprobado la llegada de la fuerza. Nos sentimos más informados, pensamos que nuestra capacidad de respuesta online es igual que la de los demás, instituciones incluidas, y llegamos a creer que, en la conversación global, todas las opiniones pesan lo mismo. En el corto plazo, todo nos parece posible.

Sin embargo, esta euforia no deja de ser en gran medida ficticia. Que podamos opinar y responder a cualquiera no significa que tengamos la misma autoridad que los demás al hablar sobre cualquier materia. Nos ilusionamos en un entorno comunicativo aparentemente horizontal, pero cuando nuestras expectativas todopoderosas fracasan nos recluimos en nosotros mismos, nos convertimos en niños enrabietados porque no nos han dado un caramelo que creíamos merecer.

La tecnología nos ha traído nuevos miedos. Su desarrollo se presenta imprevisible y rápido, mucho más de lo que nuestro cerebro puede asumir. El desarrollo tecnológico combina un futuro incierto que nos genera ansiedad con una recompensa inmediata que desata nuestra euforia.

A largo plazo, tememos que los robots nos dejen sin trabajo, no entendemos cómo funcionará una economía que intuimos radicalmente distinta, se nos escapa el manejo de un nuevo modo de entender nuestra privacidad, a la que quizá ya hayamos renunciado, sin querer, definitivamente. Al mirar al futuro no hay un horizonte nítido, y eso nos inquieta, nos genera ansiedad, no estamos acostumbrados.

Afortunadamente, la píldora contra ese desasosiego tiene también una respuesta tecnológica. En nuestras redes sociales siempre hay alguien dándonos la razón, pinchando el "me gusta" en nuestras publicaciones. La tecnología nos ofrece incertidumbre, pero al mismo tiempo nos abre la puerta a un lugar en el que nos sentimos seguros. Aunque esa seguridad no sea más que una ficción creada por amigos y algoritmos, es nuestra, y nos hace vivir más cómodos. Eso lo sabe el candidato ganador.

1.3 Llega la reintermediación, auge y caída de la política de plataforma

Parece ser que fracasé, mi rostro hoy no apareció por televisión. **Nacho Vegas.**

Puede que nos sintamos jedis, individuos poseídos por la fuerza, pero al final el imperio siempre contraataca. Todos vimos en internet una ilusión de igualdad. Nuestros dispositivos se conectan aparentemente entre sí en una red descentralizada, lo cual promete un modelo relacional igualitario en el que todos aprendemos de todos, en el que nuestras palabras son escuchadas por cualquier y en el que nuestra individualidad parece potenciarse.

 Sin embargo, esto no es exactamente así. A las ya no tan nuevas tecnologías de la comunicación hemos traído todas nuestras limitaciones y nuestros vicios. Las herramientas abren nuevas posibilidades, sin duda, pero también aseguran la supervivencia de algunos comportamientos innatos.

La promesa de la desintermediación, de la comunicación directa, es directamente falsa. Puede que los nuevos mediadores nos caigan bien o parezcan directamente transparentes, pero están ahí, moldeando nuestra manera de relacionarnos. Casi todos nuestros intercambios informativos cuentan con un intermediario, queramos o no. El algoritmo de Google decide qué encontramos, a qué parte del mundo accedemos cuando necesitamos algo. Facebook, Instagram y WhatsApp forman parte de una misma compañía que decide en gran medida cómo nos relacionamos con nuestro entorno más cercano: qué conversaciones de amigos nos interesan, a qué horas, qué mensajes reafirman nuestras opiniones, etc. Twitter configura un acceso a la información que combina lo que queremos ver con nuestra capacidad de defenderlo en tiempo real ante los demás.

Se ha escrito mucho sobre la burbuja social en la que estamos inmersos todos y cada uno de nosotros. Es algo que ya tenemos casi asumido, pero no por eso dejamos de caer en la trampa de la satisfacción inmediata. Cuesta llevar la contraria a los algoritmos, elaborados obviamente por humanos, que nos dibujan una realidad en la que se impone nuestra propia visión del mundo.

El candidato ganador ha comprendido perfectamente esta reintermediación, se beneficia de ella a través de la puerta de atrás de nuestro ego, nos hace sentir únicos y acaba llevándonos a las urnas. Los datos que ofrecemos al reintermediador permiten a partidos políticos y empresas conocernos mejor, saber qué nos interesa en cada momento, qué nos moviliza.

Tampoco olvida el futuro ganador de unas elecciones la relevancia de los denostados medios de comunicación tradicionales que, por mucho que nos empeñemos en presentarnos como seres digitales, siguen siendo capaces de concentrar la atención de la sociedad de un modo determinante.

Las televisiones, las emisoras de radio y lo que queda de prensa tradicional están adoptando, para sobrevivir, las dinámicas que triunfan en el ámbito digital. Eso nos lleva a eternos programas con discusiones constantes entre periodistas claramente posicionados ideológicamente, a la conversión de muchas cabeceras en medios burbuja destinados a dar la razón a quien toque en cada momento en lugar de a informar.

Existe cierta tendencia a menospreciar la influencia actual de los medios de comunicación tradicionales, pero no hay que obviar que, en muchas ocasiones, son ellos quienes amplifican realmente lo que sucede en los entornos digitales. Las polémicas en Twitter o las publicaciones virales en Facebook no llegarían a un público masivo sin la participación de televisiones, radios y periódicos tradicionales.

El uso de los ya no tan nuevos medios digitales es masivo, pero pocas veces, muy pocas, concentran la atención de audiencias realmente amplias sobre temas concretos. Es necesario conocer adecuadamente su funcionamiento para que los mensajes segmentados movilicen a la cantidad de gente deseada, y eso a veces implica conseguir que lo que sucede en redes sociales encuentre eco en el resto de soportes.

Aunque todo nos parezca más transparente, la mediación persiste. Por mucho que nos empeñemos, unos son los dueños del medio y otros somos los usuarios, y cada uno, de un modo que no tiene por qué ser ilegítimo, jugamos nuestro papel.

1.4 La prehistoria de la reintermediación: el mito de Obama

***I get by with a little help from my friends*. The Beatles.**

Hay cierto consenso en citar a Barack Obama como el primer candidato que supo beneficiarse de las redes sociales. Y es cierto. Pero cabe recordar que en 2008 el escenario distaba mucho de parecerse al que vivimos hoy. La saturación informativa no alcanzaba los niveles actuales, el algoritmo de Facebook aún estaba en pañales y lo de pagar para aparecer en los muros del resto de usuarios era tan sólo una idea en desarrollo. Si recordáis haber dado al botón de "me gusta" de aquella campaña, se trata de un falso recuerdo, la compañía de Mark Zuckerberg no desarrolló esa opción hasta 2010. La movilización entonces tuvo incluso gran repercusión en MySpace, una red que ya es historia.

El triunfo del candidato demócrata se basó en la capacidad de movilización de nodos de partidarios, grupos de votantes, en su mayoría jóvenes, que trabajaron para la candidatura del famoso 'Yes we can' difundiendo los materiales de campaña entre sus entornos más cercanos. El partido demócrata de Obama logró convertir a sus defensores en una plataforma efectiva de comunicación en las incipientes redes sociales. La ilusión se contagió en un entorno que lo permitía, consiguiendo, según publicó *The New York Times,* que los anuncios de campaña se vieran durante más de 14,5 millones de horas, algo que hubiera costado cerca de 45 millones de euros a través de la televisión. En 2008, cuando las redes aún no habían salido de su paraíso terrenal, esa difusión fue gratis.

Twitter apenas tuvo relevancia en aquella campaña. Se trataba de una red en pleno nacimiento, con menos de 60 trabajadores y poco más de 4,4 millones de usuarios en Estados Unidos al final de la campaña electoral. Cuando el candidato agradeció a sus seguidores el apoyo en esta plataforma apenas tuvo 2.500 retuits. Hoy, ya retirado, cualquiera de sus mensajes alcanza cientos de miles.

https://twitter.com/BarackObama/status/992176676

En 2008, el número de usuarios activos en Facebook rondaba los 100 millones, lo que significa que la mayoría del planeta se enteró de la exitosa campaña de Obama en redes sociales a través de los medios tradicionales que, pendientes de la explosión de las nuevas plataformas de comunicación, contribuyeron de un modo decisivo a aumentar su impacto y extender su desarrollo. Sí, como suena, la culpa del éxito de la campaña digital del candidato demócrata hay que atribuírselo en gran medida a la televisión, la radio y la prensa, que hicieron que algo que llegaba a un grupo relativamente reducido de votantes fuera reconocido en todo el mundo.

La campaña del candidato demócrata fue todo un éxito y se convirtió en un modelo a seguir en la comunicación política de todo el mundo, en un mito de la comunicación contemporánea. Sin embargo, quienes años después continúan apostando por el mismo modelo de política de plataforma, apoyando sus campañas electorales únicamente en nodos de simpatizantes muy activos en redes sociales, no consiguen los mismos resultados que Obama.

El porqué la coordinación de las bases y la distribución descentralizada del mensaje no ha vuelto a conseguir ese grado de influencia es muy sencillo: las redes sociales en 2008 no se parecían en nada a las que utilizamos hoy. Tampoco generan esa fascinación por la novedad, forman parte de nuestro día a día y las empresas que están detrás han dejado de ser compañías con un futuro prometedor para convertirse en parte del sistema que regula nuestras vidas. Ya no es tiempo para jedis.

Durante el segundo lustro del siglo XXI, el objetivo de empresas como Facebook y Twitter era atraer usuarios y conseguir inversores. Ahora se encuentran en otra etapa en la que lo que prima es generar ingresos gracias a su uso estandarizado por la mayoría de la población, al menos en Occidente. Esto ha hecho que las normas de juego cambien.

Donde la desintermediación era casi total se ha impuesto la mediación del algoritmo, que vigila que el modo de distribución de la información entre todos los usuarios sea rentable económicamente para la compañía que lo programa.

La campaña del 'Yes we can' se benefició de la novedad de las redes en aquel momento, de un entorno de difusión prácticamente desregulado y gratuito que, aunque no lo parezca, ya es cosa del pasado. No es lo mismo llamar la atención en un flujo informativo formado por 100 millones de usuarios, todos ellos 'early adopters', que entre una comunidad de 1.800 millones. Además, el algoritmo en 2008 aún no tenía la capacidad de decidir por nosotros qué queremos ver y qué no, tampoco era necesario pagar para asegurarse la visibilidad, bastaba con tener un buen número de seguidores lo suficientemente activos.

Obama fue el pionero y probablemente el mayor impulsor del crecimiento de las redes sociales en el ámbito de la comunicación, pero su modelo ya no funciona, aunque muchas consultoras sigan ofreciéndolo como algo moderno y a la última.

En 2018, el candidato ganador se enfrenta a una saturación informativa mucho mayor y a un algoritmo que, directamente, le pide presupuesto a cambio de viralidad. Ya fuimos expulsados del paraíso de la comunicación totalmente horizontal, aunque nos cueste creerlo. Duró poco.

2 QUÉ FUNCIONA

2.1 EXTRAVAGANCIA PARA LLAMAR LA ATENCIÓN

Es tan raro, tan extraño, tan difícil. **Lagartija Nick.**

Según los datos ofrecidos por cada plataforma, a principios de 2017 Facebook superaba los 1.800 millones de usuarios activos, WhatsApp, el propio Messenger de Facebook y Youtube alcanzaban los 1.000 millones, Instagram, propiedad de Facebook, llegaba a 500 millones mientras Twitter se conformaba con 317.

Esto, obviamente, es demasiada gente hablando a la vez. Cada vez resulta más difícil llamar la atención en medio de la algarabía, con lo que el tiempo que dedicamos a comunicarnos en estas plataformas se ha convertido en algo demasiado valioso, tanto, que comerciando con él Facebook y Google han llegado a ser unas de las compañías más ricas del planeta.

En nuestros *timelines* personales en redes sociales la información se sucede a una velocidad de vértigo. Las noticias de los medios a los que seguimos aparecen o desaparecen junto a lo que nos cuentan nuestros amigos, los famosos de turno o gente desconocida que consideramos que merece la pena seguir. La competición es feroz, el ritmo endiablado, con lo que nuestra capacidad de recordar los mensajes que repasamos con el dedo en la pantalla del móvil se reduce considerablemente.

Para que nuestra memoria retenga algo, el mensaje debe ser extravagante, sorprendente, debe romper el aparente orden de nuestro muro social para llamarnos la atención. Donald Trump entendió a la perfección esta dinámica, pero también lo hicieron los defensores del Brexit y los políticos partidarios de la independencia en Cataluña.

En boca de un político puede resultar convencional prometer más empleo, reducir los impuestos o aumentar las medidas sociales. Nos hemos acostumbrado a oír esa música y, es más, no confiamos en ella porque las promesas raramente se cumplen. Sin embargo, un mensaje rupturista, por absurdo que sea, se nos queda en la memoria.

La extravagancia, además, no requiere en un primer momento de una base de seguidores amplia para extender su influencia. Funciona de arriba hacia abajo. Gana seguidores imponiéndose al ruido, fijando la agenda de un modo proactivo.

Los candidatos ganadores escuchan, sin duda, las demandas de la sociedad, prestan mucha atención a las conversaciones que todos mantenemos en redes sociales. El análisis de toda esta actividad es fundamental para diseñar las campañas, para dar respuestas a las necesidades de la ciudadanía. Sin embargo, no basta con ofrecer una promesa obvia, hay que ir un poco más allá.

La principal aportación de las redes sociales a la comunicación son, sin duda, los datos. Un candidato ganador parte de ellos, los utiliza para conocer qué sectores del electorado son susceptibles de ser movilizados y por qué. Sobre ese conocimiento se construye el mensaje capaz de llamar la atención del votante.

En el caso de Trump, su candidatura supo leer adecuadamente el malestar de una gran parte de la sociedad estadounidense, pero optó por ofrecer soluciones inesperadas. No se limitó a ofrecer puestos de trabajo a los parados, prometió construir un muro con México y que lo pagaran los mexicanos. La solución puede ser inviable, poco efectiva, injusta, racista, etc., pero es llamativa, es extravagante, es recordada por todos.

El éxito de los aparentemente disparatados mensajes de Trump en redes sociales no se debió a una acción de abajo a arriba. El candidato recuperó durante la campaña electoral el tradicional mitin político como arma principal, llenando sus discursos de frases cortas y llamativas que todos los asistentes y los medios de comunicación se encargaron de difundir, en gran medida por el efecto sorpresa de escuchar a un posible presidente de Estados Unidos diciendo barbaridades. Sí, se apoyó en nodos de simpatizantes para difundir sus mensajes, pero su modo de animarles a compartir las propuestas de campaña tuvo mucho que ver con la provocación y la sorpresa.

Twitter se convirtió en el foro perfecto para el liberal reconvertido en republicano. Su tono insultante con el rival, sus argumentos radicales a favor de las armas o contra los musulmanes en general, animaron el mundillo de los 140 caracteres. Lo que parecía un candidato fuera de lugar se convirtió en un personaje de largo recorrido, consistente en su discurso en fondo y forma a través de cualquier soporte informativo. Con mensajes extravagantes y combinando mítines con el uso de las redes sociales, Trump fijó la agenda de sus rivales políticos y de los medios de comunicación. Tenía a casi todas las cabeceras informativas en contra, y las sigue teniendo, pero no le importó.

Hillary Clinton propuso una reforma fiscal, medidas sociales, un aumento del sueldo mínimo o medidas a favor del medio ambiente. Ya no es que perdiera las elecciones, es que los temas en los que incidió pasaron desapercibidos entre el ruido mediático levantado por las simplicidades extravagantes de su rival. Pocos analistas políticos se tomaron en serio a quien consideraban un loco, pero en realidad lo que estaba haciendo Trump era dictarles lo que tenían que escribir cada día con sus provocaciones constantes.

La candidata demócrata siguió el modelo de Obama, difundiendo su mensaje a través de plataformas ciudadanas, de comunidades con cuyo apoyo contaba. Pero en 2016 Obama era visto como parte del sistema, y ella también, su currículum no dejaba dudas. La desconfianza hacia los poderes establecidos le afectaba de un modo directo. El republicano se aprovechó de esa fisura y entendió que para concentrar la atención en medio de la dispersión informativa había que cambiar de estrategia, jugar al ataque, fijar una agenda que dinamitara lo establecido.

Parecía que la receta del éxito en redes sociales pasaba por contar con las masas para difundir el relato ganador, sin embargo la victoria se la llevó quien elaboró un discurso capaz de unir a las masas dispersas alrededor de un mensaje negativo y excluyente. Es el imperio, que contraataca, y se apoya en grupos de partidarios de base a los que consigue movilizar con mensajes directos y sorprendentes para extender su fuerza.

La extravagancia resulta una herramienta de diferenciación, aunque a priori, si aplicamos una visión fría y analítica, pueda resultarnos inapropiada o incluso ridícula. En el independentismo catalán las figuras de Jordi Pujol o Artur Mas han sido fundamentales en los últimos 40 años, pero la irrupción de Carles Puigdemont será, sin duda, la más recordada.

Los nacionalistas catalanes fueron capaces de movilizar a la población con paciencia y consistencia en el tiempo, pero el remate final del referéndum del 1 de octubre de 2017 y las posteriores elecciones autonómicas de diciembre fue impulsado por la extravagancia pura y dura. Puigdemont pudo apoyarse en una sociedad movilizada, afectada por la crisis y con ganas de revelarse contra un enemigo común: España. Además, los errores de su rival, el Gobierno de Mariano Rajoy, le permitieron seguir echando leña a la caldera y mejorar su posición antisistema, a pesar de formar parte de un partido político que, aun con siglas nuevas, había formado parte del poder durante décadas.

Pero fueron, sin duda, sus acciones menos esperadas las que construyeron su personaje y dieron resultados que, si bien es dudoso que le otorguen retorno a largo plazo, sirvieron para crear un mito cortoplacista: el del *president* en el exilio. Entre el fallido referéndum de octubre y las elecciones autonómicas de diciembre, Puigdemont jugó la carta de lo inesperado.

Su huida a Bruselas tras la intervención de la autonomía catalana por parte del Gobierno español y la citación judicial del gobierno de la Generalitat colocó al candidato de JuntsxCat en una situación privilegiada con respecto a sus competidores. En las elecciones autonómicas de diciembre, el bando nacionalista parecía decantarse por el candidato de ERC, Oriol Junqueras, incluso su ingreso en la cárcel, en prisión preventiva, podría favorecerle al presentarle como mártir de la causa nacionalista. Pero acabar en la cárcel sigue la lógica de la rebelión, no sorprende, mientras que atrincherarse en Bélgica lanzando mensajes constantes en los medios de comunicación llama mucho más la atención.

En las urnas, el mito de Puigdemont pesó más que el martirio de Junqueras. Lo inesperado, lo aparentemente extravagante, funciona cuando se asienta en un electorado con ganas de empatizar con líderes que cuestionen el sistema en el que pocos confían.

2.2   Foco en el votante adecuado

Esto que estás oyendo es tuyo, es para ti. **Los toreros muertos.**

El mensaje extravagante sirve para diferenciar al candidato en medio del ruido, para posicionarlo de un modo efectivo y llamar la atención, pero no basta para conseguir el éxito. Las redes sociales, además, siguen siendo sólo una parte de la foto global. En política el objetivo, además de darse a conocer, es persuadir al votante, hacerle ver que le conviene emitir su voto en un sentido u en otro. Trump popularizó su personaje a través de mensajes y comportamientos disparatados, pero obviamente su éxito no se debió sólo a eso.

Movilizar al electorado es el gran reto. Una vez que el candidato consigue fijar la agenda y darse a conocer, debe convencer, y nunca lo conseguirá con todo el mundo. Por eso es necesario entender que no todos los ciudadanos estarán dispuestos a votarnos y que las nuevas herramientas de comunicación deben emplearse de un modo eficiente para dirigir los mensajes a aquellos que están dispuestos a cambiar su sentido del voto.

Por un lado existen los votantes convencidos, aquellos que siguen a un partido o a un candidato de un modo fiel y no modificarán su decisión por nada del mundo. La crisis de confianza en la que vivimos ha hecho que este grupo, sin duda, se reduzca, pero sigue siendo activo y, en algunos casos, es capaz de mantener en el poder a algunos candidatos contra viento y marea. Es un tipo de votante difícil de persuadir. Solo los hechos contundentes, como la corrupción o los escándalos políticos, pueden hacerle cambiar de decisión, e incluso a veces eso no es suficiente.

Más fáciles de convencer son los votantes huérfanos. Aquellos que quieren votar pero han dejado de confiar en los partidos políticos tradicionales. Tienen una ideología definida, pero manejan varias variables y deciden su voto en función de la oferta que reciben. Se mueven normalmente dentro de un espectro político concreto, a derecha o izquierda, y trasvasan su decisión en función de la coyuntura. Esperan que aparezca un referente que les conmueva con soluciones adecuadas en el momento adecuado. En palabras de la experta en comunicación política Imma Aguilar, "su voto no es ideológico sino más bien aspiracional". En cierto modo son como Fox Mulder en Expediente X, no acaban de encontrar su referencia, pero quieren creer que existe.

Otro sector que empieza a ser realmente decisivo es el de los votantes olvidados. El desgaste de los partidos tradicionales ha llevado al desencanto y a la indignación a gran parte de la población, que no acaba de creerse las opciones que plantea el sistema. Se sienten obviados por el poder, son abstencionistas convencidos, hacen que en las encuestas de confianza los poderes públicos alcancen la puntuación más baja. Ilusionar a los olvidados puede llevar al éxito, basta con volver a Trump y recordar el voto que tuvo en la llamada América profunda.

En las últimas elecciones francesas los huérfanos y los olvidados fueron protagonistas. Eso hizo que ninguno de los dos partidos que tradicionalmente se han repartido el poder pudiera optar a la presidencia de la República. Tanto Emmanuel Macron como Marine Le Pen eran opciones extravagantes, cada una a su manera. Rompían con lo convencional en Francia, y eso les bastó para llamar la atención desde el primer momento. Ahora bien, una vez captada la atención, tocaba movilizar a los votantes.

Para Emmanuel Macron todo el pescado se vendía en la primera vuelta. Conseguir pasar el corte era la clave, luego podría bastar, y de hecho bastó, con apelar al miedo a la llegada de la ultraderecha de Le Pen.

Cuando fundó el movimiento *En Marche!* el paralelismo con la primera campaña de Obama parecía obvio. A través de una base militante, Macron viralizaba su mensaje y se convertía en un candidato razonable a la presidencia francesa. Pero la campaña del ex ministro de Economía no tuvo nada que ver con la del demócrata estadounidense en 2008. Si hay que buscar un paralelismo, en todo caso, este se dio con la campaña de reelección del presidente estadounidense en 2012.

La viralidad gratuita es historia, ahora lo que funciona es el uso adecuado de los datos y su impulso a través de una campaña de pago. En cierto modo se trata de una vuelta a un modelo de hace dos décadas pero con un nivel de sofisticación mucho mayor.

Macron, como Obama, como Trump, incluso como Rajoy en su última campaña, dedicó el esfuerzo y el presupuesto en localizar a esos votantes huérfanos, cuyo número además tuvo la suerte de ver incrementado por la renuncia de Hollande y los escándalos de Fillon. Una vez detectadas las bolsas de huérfanos, a pie de calle y en el entorno digital, la campaña, los miembros de *En Marche!*, se dedicaron a movilizar a esos votantes en busca de un candidato para superar el corte de la primera vuelta.

2.3 POLARIZACIÓN

Veo todo en blanco y negro. **Barricada.**

Para escribir un buen libro hay que evitar los tópicos. Pero, cuando hablamos del ser humano y de su comportamiento político, los tópicos son inevitables. Recogen una sabiduría milenaria y nos definen de un modo preciso.

Los romanos convirtieron en un manual de gestión la frase "divide y vencerás". Era un modo de controlar el territorio en una época en la que lo más parecido a las actuales tecnologías de la información era una calzada de adoquines. Cuando los romanos sometían a un pueblo vecino, optaban por dividirlo para que no se volviera a unir y causara problemas en el futuro. Las ciudades, una vez conquistadas, no adquirían los mismos derechos: debían de pelear unas con otras por el favor de Roma, que iba concediendo la ciudadanía o la independencia en función de sus intereses.

Esta receta, tan antigua, se presenta tan actual como un Real Madrid – FC Barcelona. Cuando todo va bien somos capaces de unir nuestras voces y cantar juntos *We are the world* por una causa justa, pero cuando el ánimo de la sociedad es negativo, cuando la economía y la tecnología se combinan impulsando la incertidumbre, el divide y vencerás sigue haciendo su magia.

Ante los problemas, seguimos culpando al otro y refugiándonos en nuestra manada. Así se entiende la recuperación de algo tan decimonónico como los nacionalismos en pleno siglo XXI. El Brexit, la independencia de Cataluña, el proteccionismo de Trump o el supremacismo de Le Pen no son fenómenos nuevos aunque su éxito nos pareciera inimaginable hace 15 años. La conmoción que vivió el mundo en la primera mitad del siglo XX se produjo siguiendo la misma fórmula: ante la incertidumbre, el pájaro en mano para los míos y la culpa para los demás.

Son varias las teorías que refuerzan este razonamiento, aunque su fiabilidad no sea muy reconocida por los académicos. Los historiadores y consultores estadounidenses Neil Howe y William Strauss creen que la historia estadounidense es cíclica y que se basa en comportamientos repetitivos de las distintas generaciones, a las que atribuyen unas actitudes determinadas en función de su evolución en el tiempo. Los ciclos históricos, aseguran, comprenden periodos con una duración aproximada de 80 años divididos en cuatro fases en las que cada generación adopta un rol determinado.

No hace falta ser un matemático de nivel para comprobar que, si la historia se repite cada 80 años, estamos al borde de una situación más que complicada. Un defensor de esta teoría generacional, recogida en libros como *Generations: The History of America's Future* o *The Fourth Tourning*[2], es Steve Bannon, fundador de Breitbart News y ex asesor de Donald Trump.

Bannon contribuyó a la victoria de Trump presentando al candidato como un líder fuerte ante una situación complicada. Dividiendo. Sus medios

---

[2] Neil Howe, William Strauss, *Generations: The History of America's Future*. Paperback 1992, *The Fourth Turning*. Paperback 1997.

dibujaron un escenario apocalíptico en el que los demócratas parecían el origen de todos los males del planeta y el país se presentaba como el Titanic a punto de chocar con un gran iceberg. Su papel fue clave en la creación de uno de los mensajes más polarizadores que se recuerdan: *America first*. Se trata de un mensaje supremacista y excluyente, no sólo con los extranjeros, ya que el propio entorno de Trump y Bannon fue definiendo durante la campaña qué era ser americano y qué era antipatriótico.

Para conseguir que alguien como Trump, un candidato ganador, pero muy parecido al Lex Lutor de Superman, uniera a un grupo de votantes suficiente bastó con buscar enemigos debajo de las piedras: los inmigrantes, las feministas, los gays, los medios de comunicación tradicionales, Hollywood y, por supuesto, el sistema. Lo importante era enfadar lo suficiente al electorado que se sentía olvidado y discriminado, apelar al miedo generado por la incertidumbre y buscar gente a la que oponerse.

En una entrevista a *The Atlantic*[3], Bannon lo dejó muy claro: "El enfado es algo bueno. Este país está en crisis. Y si estás peleando para salvar y recuperar al país, no puedes ser un patriota optimista. Hay que estar dispuesto a pelear". Pelear, aunque sea contra el vecino. Dividir, construir por oposición a los demás. Bannon ya no está con Trump, fue, como tantos, despedido, pero su contribución a la división

---

3 http://www.bbc.com/mundo/noticias-internacional-38817934

de la sociedad estadounidense es, y sigue siendo, innegable.

En paralelo al ascenso de Trump, la campaña del Brexit en Reino Unido siguió la misma dinámica. El escenario auguraba una tormenta perfecta. En 2014 los ultraderechistas del UKIP, con el polémico Nigel Farage al frente, habían ganado las elecciones al parlamento europeo con un discurso antieuropeísta. Paradójico, pero sintomático. La clase trabajadora culpaba a la pertenencia a la UE de todos sus males: deslocalizaciones de empresas, llegada de inmigrantes de la Europa del Este, precarización laboral, etc.

El conservador David Cameron, europeísta, se comprometió en 2015 a convocar el referéndum sobre la salida del Reino Unido de la Unión Europea en 2017. Se trataba de un intento desesperado, casi populista, por congraciarse con su electorado. La medida era una patada hacia adelante, un modo de contentar a los sectores indignados por la crisis de la deuda que afectaba al país. En el fondo, era una respuesta rápida al miedo a la incertidumbre.

La propuesta del primer ministro conservador pronto entró en una dinámica perversa. Los defensores de permanecer en el club europeo fueron vistos como parte del sistema, como la continuidad de un modelo ya agotado. La sociedad se dividió, el orgullo británico de los votantes más mayores y de los menos preparados académicamente se impuso a la visión de futuro de los jóvenes, acostumbrados ya a un mundo sin fronteras.

Durante la campaña del referéndum, la UE se presentó como el origen de todos los males, con el excéntrico ex alcalde de Londres, Boris Johnson, llegando a comparar a la Unión Europea con la Alemania nazi. "Napoléon, Hitler, muchos otros han intentado conseguirlo (la unidad de Europa), pero siempre acaba de un modo trágico", llegó a asegurar en *The Sunday Telegraph*[4].

Boris Johnson, lanzando improperios y enfrentando a los británicos contra el resto de los europeos, se salió con la suya: hoy es ministro de Exteriores.

La misma estrategia divisora del electorado hizo saltar la sorpresa en el referéndum celebrado en Colombia en 2016 para aprobar el acuerdo de paz alcanzado entre las FARC y el gobierno de Juan Manuel Santos. Tras 52 años de guerra, la sorpresa saltó al vencer el No al acuerdo por un estrecho margen en una votación en la que el abstencionismo superó el 60%.

Tras conocerse el resultado, el gerente de la campaña del No por el partido Centro Democrático concedió una entrevista al diario *La República* en el que desveló su modo de proceder. Juan Carlos Vélez lo dejó claro: "Estábamos buscando que la gente

---

[4] https://www.telegraph.co.uk/news/2016/05/14/boris-johnson-the-eu-wants-a-superstate-just-as-hitler-did/

saliera a votar verraca"[5]. La campaña fomentó la indignación a través de las redes sociales, dejó de un lado el contenido del acuerdo con la guerrilla y se centró en lo que más enfadaba a cada tipo de votante.

En sus declaraciones, Vélez explicó que "en emisoras de estratos medios y altos nos basamos en la no impunidad, la elegibilidad y la reforma tributaria, mientras en las emisoras de estratos bajos nos enfocamos en subsidios. En cuanto al segmento en cada región, utilizamos sus respectivos acentos. En la Costa individualizamos el mensaje de que nos íbamos a convertir en Venezuela. Y aquí en No ganó sin pagar un peso. En ocho municipios del Cauca pasamos propaganda por radio la noche del sábado centrada en las víctimas".

En resumen, la campaña del No se centró en fomentar la división apelando de un modo directo y personalizado a aquello que indignaba a cada tipo de elector, segmentando cuidadosamente los mensajes para ganar en efectividad. Al líder del Centro Democrático, Álvaro Uribe, no le hizo ninguna gracia que su gerente de campaña desvelara sus cartas. "Hacen daño los compañeros que no cuidan las comunicaciones", tuiteó tras conocer la entrevista de Vélez.

---

[5] http://www.elcolombiano.com/colombia/acuerdos-de-gobierno-y-farc/entrevista-a-juan-carlos-velez-sobre-la-estrategia-de-la-campana-del-no-en-el-plebiscito-CE5116400

Si hay un mensaje capaz de dividir de un modo innato es el nacionalista. El nacionalismo es, por defecto, diferenciación frente a los demás; es, de paso, una llamada a formar parte de un colectivo, de una manada que ofrece refugio y seguridad ante la amenaza de los otros. Da confianza. El auge nacionalista es un hecho, está implícito en los mensajes de Trump *(America first)*, en el discurso del Brexit o en los argumentos de Marine Le Pen.

En España, es el discurso dominante, y sin duda afecta a la intención de voto más que las medidas sociales o económicas. Nunca hemos sido un país muy defensor de las banderas, pero ahora no son pocas las que ocupan espacio en los balcones. Como es lógico en un ambiente polarizado, no todo el mundo cuelga la misma enseña, depende de la zona y de los sentimientos de cada uno. Las hay rojigualdas, esteladas, constitucionales, predemocráticas, defensoras de causas sociales, etc. El caso es que las hay allí donde hacía décadas que no ondeaban más trapos que los del tendedero.

El nacionalismo apela a sentimientos básicos, se presenta como algo muy cercano a la identidad personal, por eso es tan movilizador. Quienes lo usan son plenamente conscientes de que es una herramienta capaz de ocultar todo lo demás, que supera la lógica habitual de convencer al votante mediante propuestas de gestión del interés colectivo. Con el nacionalismo las emociones más primarias se imponen a cualquier argumento razonado. Aquí lo que se presenta como importante es defender a una comunidad más o menos ficticia de la amenaza de los otros.

En las elecciones autonómicas catalanas de diciembre de 2017, los partidos más tibios con los sentimientos nacionalistas fueron claramente derrotados. La candidatura de Carles Puigdemont (Junts per Catalunya) y la de Inés Arrimadas (Ciudadanos), superaron todas las expectativas, y lo hicieron gracias a un discurso profundamente divisor. El PP, también en el bando unionista, fracasó. Había tomado desde el Gobierno estatal medidas contundentes contra el nacionalismo catalán, pero su discurso en campaña se diluyó, sonaba a viejo.

Mirándolo detenidamente, Arrimadas y Puigdemont tenían todas las de ganar. Parecían algo novedoso al lado de sus competidores, obviaban la ideología, muy similar en ambos casos, y centraron sus mensajes en lo que la propia candidata de Ciudadanos llamaba "el monotema". Sí, insistir en que un tema cansa sirve para mantener el mensaje en la agenda, no nos engañemos.

Basta con repasar los carteles electorales para detectar las estrategias ganadoras. La candidatura de Junts per Catalunya presentaba a Carles Puigdemont junto a la frase "Puigdemont, el nostre president". Sí, "el nostre", no el de todos, el de sus partidarios, porque un pronombre en primera persona del plural lleva implícita la presencia de los otros, los antagonistas. Hay que recordar que esta candidatura se presentaba a las elecciones con la nariz tapada,

reconociendo a duras penas su validez al ser
convocados los comicios tras la intervención de las
instituciones catalanas por parte del Gobierno
español. Para Junts per Catalunya lo importante era
dejar claro su espíritu insumiso, enviar el mensaje de
que Puigdemont era el presidente legítimo de la
Generalitat pese a su destitución, su situación
judicial (en busca y captura) y su huida a Bélgica, y
que había que votar por él para confirmar la
continuidad de las instituciones nacionalistas.

Ciudadanos confeccionó un cartel electoral que
mostraba a Inés Arrimadas sujetando un corazón
formado por las banderas de España, Cataluña y la
Unión Europea. Junto a ella, una frase: "Ara si
votarem". El lema, en este caso, jugaba al ataque.
Recordaba a sus rivales que el referéndum sobre la
independencia celebrado en octubre no había tenido
ninguna validez, que además sólo había movilizado
al 43% de la población. Arrimadas insistía así en
llamar a las urnas a quienes permanecieron en casa
durante la votación independentista, asumía la
representación de esos otros a los que se enfrentaba
Puigdemont.

En el bando nacionalista, ERC suavizó el mensaje y
optó por un tono más indirecto: "La democràcia
sempre guanya". Eran favoritos en su lado del ring,
pero no fueron tan extravagantes ni tan
polarizadores como su compañero de viaje,
refugiado en Bruselas.

El PSC de Miquel Iceta, con un discurso más conciliador, aunque claramente contrario al independentismo, propuso "Solucions, ara, Iceta!". Y pinchó clamorosamente, cediendo parte de su tradicional electorado de la periferia de Barcelona a Ciudadanos. Estaba claro que no en esta ocasión la ideología tradicional no servía para nada. Los obreros de izquierdas prefirieron al centro derecha, optaron por una opción más beligerante en la batalla nacionalista.

El buenismo se subió también al carro de Catalunya En Comú Podem. Su líder, Xavier Domenech, apareció en los carteles junto a la frase "Tenim molt en comú", que era sin duda una verdad inapelable, pero no estaba el horno para certezas capaces de tender puentes.

El cartel del PP incidió más que nadie en su posición nacionalista con su "España es la solución", pero su candidato ya había sido obviado desde antes de la convocatoria electoral. Su carácter antipático y las medidas tomadas por el Gobierno central al hilo de la aplicación del artículo 155, que suprimía la autonomía catalana, hicieron que parte de sus votantes miraran a Ciudadanos con mejores ojos.

2.4 MENTIRAS

Miénteme, dime que me quieres. **Los Suaves.**

Cuando los hechos no te dan la razón, todo puede justificarse apelando a la relatividad total. Si la verdad no existe, podemos jugar a ver quién habla más alto, y ahí es donde se siente cómodo el candidato ganador de este primer cuarto de siglo. Este capítulo podría titularse *fake news*, pero para qué dar rodeos cuando en realidad hablamos directamente de mentiras.

En 2018 hay quien cree que la tierra es plana, también hay quien piensa que las vacunas no funcionan, que el cáncer se puede curar con optimismo o que una raza de extraterrestres con pinta de reptil, como los de la famosa serie *V*, domina la Tierra a través de nuestros dirigentes. Sin duda estos casos son extremos y sólo afectan a una minoría, pero son un síntoma de lo que sucede últimamente con la verdad.

Las certezas a medio y largo plazo apenas existen. No sabemos si los robots acabarán con nuestro trabajo o si existirá el trabajo en sí dentro de 30 años. La desigualdad aumenta, ya no sabemos qué significa la palabra privacidad y el cambio climático no augura un futuro muy optimista. El mundo que conocemos cambia cada día y no somos capaces de prever qué vendrá mañana. En este contexto, las verdades pueden ser dolorosas, así que tendemos a recluirnos en los mensajes que, más allá de su veracidad, nos dan la razón, nos tranquilizan.

La mentira siempre ha estado ahí, pero no siempre arraiga con la misma fuerza. El contexto histórico influye y estas épocas en las que el miedo a lo incierto favorece la búsqueda de mesías son el caldo de cultivo ideal. La fe se impone a la razón bajo ciertas circunstancias.

Las mentiras, cuando refuerzan la posición de un colectivo, se hacen defendibles por los afectados. Aquí va una pequeña lista:

- Donald Trump en la cumbre del clima de Marrakech: "El concepto de calentamiento global fue inventado por los chinos para lograr que la industria norteamericana dejara de ser competitiva".
- Carles Puigdemont en *The Guardian*: "La mayoría de los catalanes está a favor de la independencia".
- Mariano Rajoy ante su comité ejecutivo: "En este partido no se pagan cantidades que no hayan sido registradas en la contabilidad del partido ni que de cualquier otra manera resulten físicamente opacas. No se hace".

- Campaña a favor del Brexit de Nigel Farage: "Enviamos a la UE 350 millones de libras a la semana. Financiemos en su lugar nuestro sistema de salud".
- Campaña de Mauricio Macri: "En mi gobierno los trabajadores no van a pagar impuesto a las ganancias".

En 2017, la Royal Society británica publicó un estudio titulado *Procesando la desinformación política: comprendiendo el fenómeno Trump*[6]. En él se concluía que la mentira no penaliza a los candidatos a unas elecciones ni a los políticos ya electos. Resumiendo mucho, en el estudio se presentaban ante un grupo de individuos listas de declaraciones obviamente falsas. Cuando esas frases se atribuían a Donald Trump, los sujetos participantes les otorgaban mayor credibilidad.

Puede resultar disparatado, pero basta con recordar al doctor House repitiendo aquello de "todo el mundo miente" para darse cuenta de que no castigamos lo que consideramos un comportamiento común, y mucho menos cuando las palabras, por poco acertadas que sean, refuerzan nuestras convicciones. Somos unos mentirosos y aceptamos la mentira. Eso es algo que el candidato ganador sabe y utiliza a su favor.

---

[6] http://rsos.royalsocietypublishing.org/content/4/3/160802

Nada de esto es nuevo. En 1946, dentro de su obra *La política y la lengua inglesa*, George Orwell escribía: "El lenguaje político está diseñado para que las mentiras suenen como verdades, que el crimen parezca respetable y para darle consistencia a lo que es puro viento".

2.5 LA FALSA REPUTACIÓN: EL ORIGEN DE LAS *FAKE NEWS*

A la gente no gusta que uno tenga su propia fe. Georges Brassens.

"Las *fake news* se convierten a menudo en virales, es decir, se difunden de modo veloz y difícilmente manejable, no a causa de la lógica de compartir que caracteriza a las redes sociales, sino más bien por la codicia insaciable que se enciende fácilmente en el ser humano. [...] Estas noticias, falsas pero verosímiles, son capciosas, en el sentido de que son hábiles para capturar la atención de los destinatarios poniendo el acento en estereotipos y prejuicios extendidos dentro de un tejido social, y se apoyan en emociones fáciles de suscitar, como el ansia, el desprecio, la rabia y la frustración. [...] El drama de la desinformación es el desacreditar al otro, el presentarlo como enemigo, hasta llegar a la demonización que favorece los conflictos. Las noticias falsas revelan así la presencia de actitudes intolerantes e hipersensibles al mismo tiempo, con el único resultado de extender el peligro de la arrogancia y el odio. A esto conduce, en último análisis, la falsedad".

Este análisis, bastante fino, no procede de un gurú de la comunicación, o sí, según se mire. Forman parte de un mensaje emitido por el Papa Francisco en enero de 2018 durante la 52ª Jornada Mundial de las Comunicaciones Sociales[7].

Las noticias falsas se han convertido en algo tan llamativo que forman parte del mensaje del Vaticano, de las conversaciones de bar, de nuestra rutina cotidiana. Las palabras posverdad y *fake news*, eufemismos de mentira, se han asentaron en nuestro vocabulario entre el año 2015 y el 2017. Aunque es innegable que su popularidad se debe en gran medida a Donald Trump, el origen del fenómeno es anterior. Siempre ha habido noticias falsas, siempre se ha utilizado la mentira contra el adversario, pero en el contexto actual su uso tiene ciertas particularidades.

Con la irrupción de las redes sociales llegó la ilusión de que todo se podía medir de un modo casi científico. Nos sorprendía tener acceso a lo que los demás, de un modo individual, opinaban sobre nosotros. Hasta entonces, la palabra reputación se ceñía al significado que le otorga el diccionario de la RAE:

____

[7] http://www.abc.es/sociedad/abci-papa-francisco-vincula-fake-news-codicia-y-poder-humano-201801241422_noticia.html

1. f. Opinión o consideración en que se tiene a alguien o algo.

2. f. Prestigio o estima en que son tenidos alguien o algo.

En el sector de la comunicación corporativa, medir la reputación siempre ha supuesto un reto. Los intangibles son difíciles de cuantificar, así que la posibilidad de acceder a lo que los usuarios de las redes sociales opinaban sobre personajes públicos e instituciones fue recibida en el sector con entusiasmo. El silogismo era excesivamente simple: escuchando lo que dicen de nosotros en redes sociales sabremos si caemos bien o mal, basta con comparar la cantidad de comentarios negativos sobre nuestra marca con la de comentarios positivos.

Ahí nació un negocio basado en la simplicidad, el miedo y el ego. A nadie nos gusta oír críticas, las sobredimensionamos fácilmente, aunque sean irrelevantes. Es algo innato. Así surgió el engaño de la reputación online, un concepto discutible, ya que si tenemos una reputación en el entorno físico y otra distinta en el entorno digital es porque una de las dos, o quizá ambas, es mentira. Pero poca gente se paró a pensar en algo tan obvio.

Las agencias especializadas en medir los comentarios en internet comenzaron a visitar los despachos de grandes empresas y personajes públicos con su mensaje alarmista: "Hemos detectado 10 mensajes (en el principio de las redes sociales no había muchos más) negativos sobre tu marca, tienes que hacer algo, tu reputación está en juego, podemos ayudarte". Y el virus se extendió.

Evidentemente, la muestra no era ni mucho menos representativa, y en 2018 sigue sin serlo del todo. Además, el dato frío no tenía en cuenta un montón de factores: somos más activos para la crítica que para el halago, detrás de muchos comentarios negativos se esconde un interés personal no basado en pruebas objetivas, el cliente no tiene siempre la razón y, lo más importante, no somos el centro del mundo, la mayoría de la población no habla de nosotros, ni para bien ni para mal, se guarda lo que piensa realmente. Pero es fácil sentirse herido por la crítica y obsesionarse al pensar que lo que perciben de nosotros 1.000 personas representa la opinión de los 7.500 millones de individuos que habitan la Tierra.

Con esta base, la gestión de la reputación se convirtió en un juego. A través de pantallas podíamos ver, gracias a herramientas supuestamente sofisticadas, cómo evolucionaban dos números: el de comentarios positivos y el de comentarios negativos. Entrar al trapo era fácil, bastaba con forzar el número de comentarios positivos para que el ego de la marca o del personaje público se viera reforzado. Ahí se nos empezó a ir todo de las manos. Cuando crees a ciegas en una métrica tan simple, el cuerpo te pide cambiarla, entre otras cosas, porque es fácil.

"Hasta el mes de octubre, mi trabajo era mi mayor patrimonio. Tenía 2 empresas con 26 trabajadores (contratados y subcontratados), el 90% titulados en informática y periodismo. Las dos empresas han facturado en el 2014 un total de 846.692 euros de los cuales 145.241 pertenecen a la Administración Pública es decir un 17,15% repartiendo esa cantidad entre 18 clientes. [...] Teníamos una red de diarios vivos, elaborados por periodistas locales y con más de 4 millones de usuarios en redes sociales, todos reales, no comprados, por eso teníamos el tráfico y el engagement que hacía que nuestros clientes literalmente alucinaran".

El párrafo anterior está extraído literalmente del blog de Alejandro de Pedro[8], quien en la misma web se define como "emprendedor y consultor. Cuido la imagen y la reputación online de quien se deja". El modo de trabajo seguido por la empresa a la que hace referencia, Eico Online Reputation Management, era el de otras muchas, no se le puede atribuir originalidad ni se le puede considerar una excepción.

Alejandro de Pedro no fue un pionero, es un ejemplo más, y bastante conocido. Lo que lo diferencia del resto de "gestores de la reputación" en España es su implicación en la trama Púnica. Cuando alguien recurría a sus servicios, normalmente grandes empresas, además del PP e instituciones y representantes públicos vinculados al partido, Eico Online Reputation Management aplicaba una receta infalible para mejorar el ego del cliente: bastaba con mover la estadística.

---

[8] http://www.alejandrodepedro.es/

Para eso, la empresa creaba o controlaba un gran número de periódicos digitales. En ellos se publicaban noticias favorables al cliente o contrarias a sus enemigos que posteriormente se difundían en redes sociales a través de miles de perfiles creados por la propia empresa. Hasta 45.000, "todos reales", llegó a manejar la empresa de Alejandro de Pedro. La suma de comentarios positivos crecía a favor del representado y su ego se calmaba. El modelo de Eico, insisto, no es algo aislado, su manera de proceder es la misma que utilizan miles de compañías en todo el mundo. A 6.000 euros el *trending topic* eran muchos los dispuestos a pagar por ver su nombre impulsado de un modo artificial a lo más alto del contador de mensajes positivos.

Un ejemplo de esto es el descrito por la Unidad Central Operativa de la Guardia Civil en uno de sus informes sobre la citada trama Púnica. En 2012, el PP trató de contrarrestar los comentarios negativos sobre los recortes aplicados por el Gobierno de Mariano Rajoy para salir de la crisis invirtiendo apenas 5.000 euros en dos acciones muy sencillas: la creación de la página web laverdaddelasreformas.es (ya inactiva) y la difusión de 5.000 tuits favorables a las decisiones del gobierno a través de 350 perfiles falsos.

La creación de estos espejismos reputacionales, de estas burbujas de opinión a favor de una marca o un candidato, sería inocua si el espíritu crítico de los lectores fuera algo extendido. Pero no es así. En las noticias y opiniones prefabricadas hay quien ve consolidada su propia postura política, hay quien quiere creer, y eso sin duda puede ayudar a asentar la base de votantes y a convencer a algunos que se sienten huérfanos. El proceso sofistica los métodos tradicionales de propaganda, aunque en el fondo utiliza los mismos mecanismos.

Este modo de trabajo se remonta a principios de la década de 2010, cuando el escenario virgen de las redes sociales en el que se desarrolló la primera campaña de Obama ya no existía. Desde entonces, los candidatos ganadores no han parado de sofisticar el método.

2.6 La evolución de la mentira: bots, humanos y la sombra rusa

Karma police, arrest this man, he talks in maths.
Radiohead

Los modelos de "gestión de la reputación" eran bastante sencillos, pero fáciles de detectar. Así que tocó sofisticar el proceso, ya no tanto para dar masajes al cliente como para influir en el electorado de un modo efectivo. La tecnología lo permitía, así que el sistema propagandístico se fue volviendo más complejo y sigue evolucionando día a día.

Las preguntas cuya respuesta el lector seguramente busca en este libro no son de fácil respuesta: ¿están los candidatos ganadores detrás de las granjas de noticias falsas que favorecen sus ascensos al poder?

¿es real e institucional la injerencia rusa en procesos electorales como el estadounidense, el francés o el catalán? ¿es efectiva la propaganda que inunda las redes?

Los procesos de investigación están abiertos en prácticamente todo Occidente, pero el nivel de complejidad de las nuevas tácticas hace difícil encontrar respuestas certeras. Está claro a quién favorecen las campañas basadas en noticias falsas, qué electorados polarizan y con qué intención, pero desenmarañar la trama no es tan sencillo.

La campaña de Trump, por ejemplo, se desvincula totalmente de la actividad de varias empresas rusas que jugaron a su favor a través de las llamadas de noticias falsas. ¿Cómo funcionaban estas fábricas de producción y difusión de mentiras? De un modo muy similar al que hemos visto en el caso de Eico, pero con un desarrollo tecnológico mayor.

Tomemos el ejemplo de una de las fábricas de mentiras más famosa, la Internet Research Agency, creada en San Petersburgo en 2013. No sabemos, y no está claro que lo lleguemos a saber, quién o quiénes son sus clientes, ni siquiera sabemos si tienen clientes, pero sí que las investigaciones abiertas por el fiscal estadounidense Robert Mueller han conseguido descubrir cómo es su modo de proceder.

Para impulsar la campaña de Donald Trump, dividir al electorado y hundir la candidatura de Hillary Clinton, que por otra parte era capaz de hundirse sola, la empresa rusa comenzó analizando e incluso contactando con unos 100 perfiles de estadounidenses reales partidarios del candidato republicano.

Un ejército de empleados y bots hizo suyos los mensajes contrarios a la opción demócrata y lanzó un gran ataque, sostenido en el tiempo, a través de perfiles falsos supuestamente estadounidenses que difundían mensajes capaces de polarizar a la sociedad y favorecer las opciones de Trump. Esas cuentas falsas combinaban opiniones supuestamente personales con la creación y difusión de noticias tendenciosas y mentiras varias a través de anuncios de pago en las distintas redes sociales. La capacidad de segmentación de este tipo de plataformas hacía que los mensajes adecuados llegaran al público adecuado, reforzando la opinión de algunos votantes y movilizando a otros.

Los datos conseguidos impresionan. Entre 2015 y 2017, Facebook admitió que unos 126 millones de personas vieron contenido publicado por la Internet Research Agency. Twitter calculó que la empresa rusa había manejado unas 3.800 cuentas y que, a través de bots, el número de retuits a mensajes del propio Donald Trump había superado el medio millón en plena campaña electoral. Los trols rusos también colaboraron en la difusión de noticias de Breitbart, entre otros medios. Google no quedó fuera de la estrategia de distribución, ya que a través de su plataforma se distribuyeron unos 3.000 anuncios.

Lo que no es demostrable de momento es quién movió los hilos para que esto sucediera, ya que en el proceso de distribución de mentiras polarizadoras son muchos los beneficiados. Dividir a una sociedad a través de noticias falsas mueve al electorado, pero también genera ingresos, ya que el tráfico que consiguen las páginas dedicadas a la intoxicación informativa crece como la espuma.

Un ejemplo es la ciudad de Veles, en Macedonia. Durante la campaña de Donald Trump, decenas de jóvenes de esta localidad de poco más de 50.000 habitantes encontraron una mina de oro. El sistema era sencillo, bastaba con crear una página web para publicar noticias sensacionalistas, en muchos casos copiadas de medios estadounidenses, pero con un reenfoque que buscaba directamente el clic. Después, las noticias con más potencial se promocionaban en Facebook a través de campañas de pago orientadas al público estadounidense. La difusión conseguida era tal que los ingresos generados por los anuncios de Google Adwords ubicados en las páginas hicieron que muchos adolescentes abandonaran los estudios y se dedicaran a mentir al dividido pueblo estadounidense a tiempo completo.

El negocio de la mentira política se ha presentado de este modo como algo que beneficia, pero puede muchas veces trasciende, al candidato ganador. Allí donde hay una sociedad polarizada, como sucedió también con el Brexit o con Cataluña, hay una oportunidad para el negocio de las noticias falsas.

El modelo actual es de una complejidad inédita. La lista de favorecidos por la fabricación de noticias falsas y su difusión es demasiado larga. Podríamos pensar que detrás de cada campaña propagandística polarizadora, generadora de odio, está la sombra del candidato político beneficiado, pero hay muchos más intereses en juego.

En el clima actual hay toda una industria alrededor de la difusión de mensajes que fomentan la división, aunque sean mentira. Proliferan, como en el caso de Macedonia, las páginas webs que generan ingresos a partir de titulares tendenciosos y las televisiones y las radios ganan audiencia, y por extensión dinero, a través de tertulias que amplifican los mensajes más escandalosos y escenifican mediante contertulios bien seleccionados esas disputas. No hay que olvidar a quienes generan ingresos de un modo directo, como Twitter, Facebook o Google, ya que para muchos de esos medios que difunden mentira y división es necesario invertir en estas redes de publicidad para conseguir una masa crítica que les permita monetizar lo que escriben.

Puede que las noticias falsas siempre hayan estado ahí, especialmente en épocas de conflicto, pero en la actualidad se suman dos factores novedosos que hacen el escenario más enrevesado: la capacidad de distribución y la monetización de la mentira. Habrá quien recuerde en este punto a William Randolph Hearst como un pionero de ambas cosas, si hubiera montado su imperio en plena era digital se hubiera sentido como pez en el agua.

2.7 PACIENCIA

***Said: Woman, take it slow and it'll work itself out
fine, all we need is just a little patience.* Guns 'n'
Roses**

A todos nos cuesta cambiar de opinión. Quizá porque
implica reconocer un error anterior, admitir que
estábamos equivocados. La suma de mentiras y
noticias y opiniones polarizadoras puede que no
tenga efecto a corto o medio plazo, todos nos
sentimos a salvo de un modo individual de este tipo
de manipulación, pero acaba calando con el tiempo.

Es por eso que la paciencia es clave para el candidato
ganador. La constancia es fundamental, algo que nos
lleva a recuperar el ya tópico dicho atribuido tanto a
Lenin como al propagandista nazi Joseph Goebbels:
"Una mentira repetida adecuadamente mil veces se
convierte en una verdad". Da igual quién
pronunciara la frase, da igual que todos la
conozcamos, que nos resulte excesivamente manida:
lamentablemente funciona.

En España hay dos ejemplos claros de uso de la
paciencia para la consecución de objetivos, dos
posturas enfrentadas que, en el fondo, puede que no
sean más que distintas caras de la misma moneda,
dos rivales manteniendo un pulso a largo plazo en el
que el resultado aún resulta imprevisible.

Por un lado está el movimiento nacionalista catalán,
cuyo trabajo arrancó con la Transición española y

gana peso conforme pasan las horas. En la otra esquina del ring se encuentra un dirigente que ha hecho de la paciencia un arte: Mariano Rajoy. Los dos bandos, porque es en lo que se han convertido, se han visto además afectados al mismo tiempo por las acusaciones de corrupción, pero han sido constantes, consistentes, y han continuado con su agenda desviando adecuadamente la atención de los problemas sin dejar de avanzar hacia sus propias metas.

Aun así, sus estrategias son distintas. El independentismo catalán juega al ataque, de un modo muy directo en las etapas de Artur Mas y Carles Puigdemont, mientras que Mariano Rajoy mantiene un tono defensivo, como el de quienes portan el maillot amarillo en esa gran prueba de resistencia ciclista que es el Tour de Francia y que el presidente de España tanto admira.

Los ejemplos de cocina a fuego lento de los partidos independentistas catalanes son numerosos. Algunas veces la estrategia consiste en insistir una y otra vez en la misma frase, ya que hay mantras que lo tienen todo: dividen, movilizan, son fáciles de recordar y tienen cierta apariencia de veracidad. Así es el famoso *Espanya ens roba* utilizado por los partidarios del independentismo catalán. La frase se le atribuye a Alfons López Tena, parlamentario, por aquel entonces independentista, durante la primera legislatura de Artur Mas.

Ahora la mayoría de quienes usaron el mantra reniegan de él, pero durante un lustro fue constantemente repetido para movilizar al sector independentista y enfrentarlo con el resto del Estado. Nadie se plantea analizar fríamente los números para comprobar una aseveración tan tajante y simple, es demasiado complicado y la mayoría no disponemos de los conocimientos adecuados sobre la gestión de la economía del país. Lo más fácil es interiorizar el mensaje y asumirlo, pero eso no sucede de un modo inmediato. El mensaje, repetido desde 2012 hasta 2017, contribuyó sin duda al crecimiento de los votantes independentistas.

No partía de cero, el lema hundía sus raíces en un terreno abonado lentamente durante décadas. El independentismo es, sin duda, una carrera de mensajes a largo plazo. Extravagantes, polarizadores, pero con una meta que supera el corto plazo, así que es mejor sembrar y ser constante para que las cifras de intención de voto, con el paso del tiempo, sigan creciendo a su favor. Aunque lo parezca, no hay prisa.

Paradójicamente, esa despreocupación por el reloj y esa constancia en sus mensajes es también marca de la casa de Mariano Rajoy. El líder del Partido Popular ganó sus primeras elecciones con paciencia, esperando años a que cayera su rival, sin levantar pasiones, sin alardes. Cuando, ya como presidente, le ha tocado enfrentarse a un escenario atroz que hubiera mandado al vestuario a cualquier otro político, ha seguido con su misma estrategia.

Rajoy ha visto cómo gran parte de sus colaboradores, e incluso su propio partido, se sientan en el banquillo de los acusados en el juzgado. Lleva años diciendo que son cosas del pasado, tantos, que hay quien interioriza el mensaje y lo reelige como presidente. Su capacidad de aguante ha acabado construyendo a un candidato sólido, parece que siempre estuvo ahí y, para un sector del electorado, parece que siempre lo estará.

2.8 Microsegmentación

Only the lonely know the way I feel tonight. Roy Orbison

Hasta ahora hemos visto que un mensaje polarizador, sostenido en el tiempo y dirigido al público adecuado, acaba convenciéndonos de a quién debemos votar. En esta estrategia, el entorno digital permite que la lluvia fina de información persuasiva sea cada vez más efectiva. Lo veíamos en el caso del referéndum por la paz en Colombia, donde el partido de Uribe fue capaz de personalizar los mensajes e incluso variar su tono en función de la ubicación de los electores y de sus diferentes causas de indignación.

El análisis de datos y el pensamiento lateral ya permiten llevar la tradicional segmentación un paso más allá, evitando incluso los habituales perfiles sociodemográficos en favor de otros más precisos ligados a factores emocionales gracias al conocimiento sobre los intereses de los ciudadanos que podemos conseguir a través de las redes sociales.

En la campaña de Donald Trump, el candidato tomó por bandera dos causas: la lucha contra la inmigración y el fin del programa Obamacare, que permitía dar acceso a la sanidad a los sectores más desfavorecidos. El marido de su hija Ivanka, Jared Kushner, se encargó de que estos mensajes, entre otros, llegaran al público adecuado en el momento preciso.

El propio Kushner contó con detalle su estrategia a la revista *Forbes*[9]. El yerno del ya presidente llamó a sus amigos en Silicon Valley, "algunos de los mayores expertos en marketing digital del mundo", y consiguió el contacto de algunas empresas especializadas en micro segmentación a través de Facebook. En las primeras pruebas realizadas, Kushner consiguió multiplicar por 10 los ingresos por venta de material promocional a través de anuncios dirigidos al público adecuado. De 8.000 dólares de ingresos, pasó a 80.000. La candidatura aún daba sus primeros pasos.

---

[9]

https://www.forbes.com/sites/stevenbertoni/2016/11/22/exclusive-interview-how-jared-kushner-won-trump-the-white-house/#703550b33af6

En un segundo test, Kushner invirtió 160.000 dólares en la promoción a través de la misma plataforma de una serie de vídeos muy sencillos en los que el candidato se dirigía a sus futuros votantes hablando directamente a cámara. Consiguió que el número de reproducciones superara los 74 millones.

Estas primeras pruebas sirvieron para extraer datos, para aprender a ganar en eficiencia durante la campaña. El objetivo era conseguir el mayor retorno por el menor precio a través del conocimiento detallado de los votantes que ofrecían los datos. Midieron la relación entre inversión y capacidad de movilización poniendo la lupa en cada estado, en cada comunidad a la que se dirigían.

La estrategia fue afinándose poco a poco a través del ensayo y el error. Cuando se equivocaban de segmento o el coste era muy alto, modificaban la campaña en tiempo real, tal y como hacen las empresas de gran consumo cuando lanzan campañas de venta de sus productos a través de Facebook.

Empresas de marketing digital como Cambridge Analytica construyeron mapas de posibles votantes y los agruparon en función de las propuestas realizadas por Donald Trump que podrían interesarles más. Así, utilizando herramientas de análisis de datos como Deep Root, descubrieron que en algunas regiones había grupos de votantes interesados en las medidas contra la inmigración que compartían un mismo interés: ver la serie de zombis de la cadena Fox *The Walking Dead*. Lo mismo sucedía con *NCIS*, una serie de la CBS en la que un equipo de agentes especiales del servicio de investigación criminal de la Marina estadounidense resuelve crímenes. En este caso, la audiencia del programa en algunas regiones coincidía con un sector de la población contrario a las medidas sanitarias impulsadas por la presidencia de Obama.

La información fue muy valiosa, sirvió para mejorar la efectividad de los anuncios de campaña a través de Facebook, ya que bastaba con hacer llegar el mensaje que querían oír esos votantes en el momento adecuado: cuando conversaban sobre su serie favorita durante el estreno de un capítulo, por ejemplo. Además, cruzando los datos, la maquinaria electoral de Trump supo, combinando audiencias de TV con participación en redes sociales, en qué lugares se encontraban los grupos de población más susceptibles de ser movilizados con cada mensaje.

La microsegmentación hace que el candidato se dirija a los ciudadanos de un modo casi personal, pero se trata de una individualización industrializada que, en el fondo, persigue activar masas homogéneas ya existentes. Nos sentimos únicos, pero somos iguales que el resto de la manada. Al final para ganar hay que sumar muchos votos.

2.9 LA SUMA DE TODO

**_You're falling, but you think you're flying high.
Metallica._**

Conocer a ciencia cierta que influye en el votante no es fácil. ¿De verdad nos movilizan las mentiras? ¿Es cierto que nos gusta enfrentarnos a los demás? ¿Otorgamos tanta credibilidad a lo que nos encontramos en las redes sociales? ¿Somos tan influenciables? ¿Realmente vivimos en nuestras propias burbujas? Sin duda no es suficiente con manejar bien Facebook, Twitter, la televisión o la radio para movilizar el voto. Tampoco basta con acertar con algunos mensajes y sostenerlos en el tiempo. Por separado, todas estas tácticas pueden caer en saco roto, pueden no convencer, pero al sumar todas las piezas la situación cambia.

Al presidente argentino Mauricio Macri se le acusa de todo. La estrategia seguida por su coalición política, Cambiemos, para llegar al poder reunió todos los ingredientes que hemos citado hasta ahora. Según la oposición, ha ido más allá, incluso después de haber ocupado su despacho en la Casa Rosada.

A Macri se le acusa de mentir en campaña. El último debate televisivo antes de su elección frente a su rival, Daniel Scioli, ha sido calificado por la oposición como el #DíaNacionalDeLaMentira. Muchas de las acusaciones se basan en el nulo cumplimiento de las promesas electorales, un clásico en la política.

Durante la campaña electoral, las redes sociales se convirtieron en una parte fundamental de la estrategia del candidato. Sus bases se movilizaron para popularizar etiquetas y difundir mensajes, el análisis de datos fue fundamental y, lo que es más llamativo, el candidato convirtió en física la relación virtual con sus seguidores.

Los voluntarios de la candidatura de Macri ya habían comenzado una campaña de *timbreo* consistente en llamar casa a casa a los vecinos para contarles las ventajas del ex presidente de Boca Juniors, pero todo fue a más a través de Facebook. Tras ganar un gran número de seguidores en esta red, Macri comenzó a interactuar con ellos de un modo directo. Ya no se trataba de responder a sus mensajes, si no de acudir directamente a sus casas a hablar con ellos.

Si Mauricio, como le llamaban sus partidarios, tenía prevista una visita a una ciudad, lo anunciaba en su página en Facebook. Entre los mensajes de respuesta recibidos por sus posibles votantes, su equipo seleccionaba varios y les respondía de un modo directo: Macri quería visitarles. De este modo, el candidato se presentaba con todo su séquito en la vivienda de algunos de sus seguidores y mantenía una charla amena con el votante. Evidentemente, todo se grababa, todo se viralizaba, todo se convertía en noticia a favor del perfil del aspirante a la presidencia argentina[10].

Una vez al mando de la sede de gobierno, Macri ha mantenido su potente estrategia digital. Un equipo de unas 40 personas trabaja en la Casa Rosada para favorecer la reputación del Gobierno y el propio presidente en el entorno digital. Su objetivo es influir directamente en la sociedad sin depender de los medios de comunicación, hacer que los mensajes lleguen al público adecuado sin la interpretación de terceros. Sin embargo, la oposición a Macri cree que este grupo de jóvenes especialistas en redes sociales no se limita a eso.

El afamado presentador del programa de entretenimiento y humor *Showmatch*, Mauricio Tinelli, se encontró con la etiqueta #TinelliMercenario como tendencia destacada en Twitter Argentina tras criticar varias medidas del gobierno de Mauricio Macri con tono humorístico. Tinelli, antiguo amigo del presidente con quien ya no guarda una buena relación, denunció un ataque de trols, en su mayoría bots (cuentas *trucha* en Argentina), para desprestigiarle.

El Gobierno argentino, obviamente, niega la utilización de este tipo de tácticas. El máximo responsable de la estrategia digital de Macri, Gustavo Riera, reaccionó rápidamente a las acusaciones de la

---

10

http://www.elmundo.es/internacional/2015/07/20/55abecff
e2704eb83a8b4575.html

estrella televisiva[11]: "Nos comunicamos con Tinelli y le dijimos que no tenemos trols y no los vamos a tener. Fue una decisión que tomamos hace años". Sin embargo, el propio Riera admitió que "puede haber gente adepta al PRO que tenga trols", grupos de simpatizantes que utilizan estas estrategias por su propia cuenta sin que haya "posibilidades de controlarlo".

Una vez más, cuando entran en acción las granjas de contenido y los ejércitos de bots, todo se vuelve gris y encontrar el origen de cada campaña es una misión casi imposible.

3 POR QUÉ FUNCIONA

3.1 EL ALGORITMO ES EL MENSAJE

Yet our best trained, best educated, best equipped, best prepared troops refuse to fight. As a matter of fact, it's safe to say that they would rather switch than fight. **Public Enemy**

Hasta hace poco, la comunicación corporativa, y por extensión la política, consistía en convencer al intermediario, en muchos casos un periodista, para que el mensaje llegara de un modo adecuado y masivo a la audiencia buscada. Esto ya no es así.

11

http://www.elindependiente.com.ar/pagina.php?id=113362

Ahora hay que convencer al algoritmo, es él quien decide qué información llegará a los ciudadanos, cómo y cuándo.

¿Por qué funcionan las tácticas que hemos visto hasta ahora? Entre otras cosas porque convencen a los algoritmos encargados de la distribución de la información y movilizan a la audiencia en tiempo y forma. Son estrategias que se basan, fundamentalmente, en hackear al nuevo intermediario, en beneficiarse de su modo de proceder para ser efectivos.

No sabemos con seguridad cómo funcionan estos nuevos intermediarios, es más, su modo de proceder se transforma de un modo constante. Google, Facebook/Instagram o Twitter se reservan sus fórmulas, algo que no hizo ni Coca Cola, y las van modificando en función de la evolución del comportamiento de sus usuarios. En principio, la intención de estas plataformas es positiva, se supone que trabajan para que accedamos a contenidos relevantes y distingamos el ruido de las nueces. Nos ofrecen un servicio que nos conviene y lo aceptamos. Pero no hay que olvidar que son empresas, con sus cuentas de beneficios, y que esos algoritmos también tienen que jugar en su favor.

Entender el funcionamiento de estas plataformas, adaptarse a sus cambios, es clave para las campañas de comunicación en el ecosistema digital. Quien no lo entiende, se queda fuera de juego.

El algoritmo es el medio y es la ley que rige la distribución de los mensajes, y cuando hay una ley surge una trampa para saltársela. Las empresas detectan las trampas, modifican su programación para impedirlas, pero es como el juego del gato y el ratón, siempre hay alguien que encuentra una nueva vía de escape.

Los ejemplos que hemos visto han funcionado porque han hackeado al algoritmo o, directamente, se han beneficiado de él a través de campañas de pago, que viene a ser algo muy parecido.

¿Qué favorecen los distintos algoritmos? Básicamente el tiempo de permanencia en la plataforma que estamos utilizando. Google, Facebook/Instagram o Twitter quieren que ocupemos nuestro tiempo dentro de sus páginas, así podrán seguir mostrándonos contenidos pagados por anunciantes. Es como funciona el negocio de retener nuestra atención.

Eso hace que los algoritmos prioricen lo que consideran "contenido de calidad", un contenido que satisface nuestras búsquedas, con el que interactuamos y que consideramos valioso. Por eso permanecemos tiempo en estas plataformas.

Ahora bien, las comillas de "contenido de calidad" tienen todo el sentido, ya que la "calidad" no viene determinada precisamente por criterios basados en la veracidad, el estilo, la cercanía a la fuente original, etc. Se trata de una "calidad democrática" fruto de una encuesta permanente que modifica sus resultados en tiempo real.

Si hacemos clic en un enlace, si damos al botón de "me gusta" o compartimos una información con nuestros seguidores, el algoritmo entiende que ese contenido es relevante para nosotros, lo lee y recuerda que nos gusta para ofrecernos temas similares en el futuro. Así, va entendiéndonos y generando las dinámicas que hagamos que pasemos tiempo con él, aceptando lo que nos ofrece.

El sistema funciona para retener nuestra atención, pero conceptos como "calidad", "relevancia" o "veracidad" se devalúan de un modo radical, ya que dependen del tiempo que dedicamos a cada información, no a sus valores intrínsecos.

Si tenemos un primo que cree que estamos dominados por una raza extraterrestre con forma de lagarto que se han integrado entre las clases dirigentes y comparte una noticia sobre el tema, será nuestra interacción con esa información, no su contenido en sí, lo que haga creer al algoritmo que estamos ante un enlace relevante, de calidad para nosotros. Si un número de gente considerable cree lo mismo, la noticia alcanzará difusión y las que sean similares a ella en el futuro serán priorizadas.

Los anuncios de nuevos filtros basados en humanos o en sistemas de inteligencia artificial (en esta ocasión la palabra inteligencia no lleva comillas, pero debería estar entre interrogantes) prometen solucionar este tipo de distorsión, pero son

promesas tan relativas como la veracidad del
contenido que difunden.

El algoritmo y quienes lo programan han ido
moldeándonos y ya consideramos que la realidad es
algo relativo, que depende de su aceptación por
parte de los demás. En ámbitos culturales, ya no hay
pudor ante el consumo de música, novelas o
películas con un marcado carácter comercial, su
calidad no se discute si alcanzan el número uno en
ventas con la misma vehemencia que se hacía hace
unos años. Se impone la opinión de que la realidad se
conforma por consenso.

Lo malo es que ese relativismo total al que nos ha
llevado el modo de funcionamiento de los algoritmos
hasta ahora choca con verdades inmutables: la
gravedad sigue funcionando, no acepta
condicionamientos democráticos. A todos nos
gustaría volar, pero si nos tiramos por la ventana,
nos matamos. La tierra sigue siendo redonda por
mucho que los delirantes terraplanistas estén
alcanzando un pico de relevancia en redes sociales
con sus teorías alocadas sobre la tierra plana.

Un mensaje de un candidato debe convencer a un
grupo inicial para ser viralizado, para ocupar un
buen lugar en buscadores. Por eso los seguidores
más acérrimos son fundamentales. Sus "me gusta"
inmediato a cualquier palabra del líder político de
turno son básicos para que el algoritmo entienda que
ese contenido es relevante. A partir de ahí, el
mensaje se expande, y si cuenta con apoyo

financiero, muchísimo más, ya que las normas que aplican al contenido que se difunde de un modo orgánico, gratuito, también aplican a los anuncios.

Tanto Facebook/Instagram como Twitter o Google apoyan mucho más a aquellos mensajes promocionados que tienen más éxito inmediato. Sus sistemas cobran por clic, por interacción, por reproducción, etc., así que cuanto más movimiento propicie un mensaje con la audiencia, mejor. Eso es lo que lo convierte en relevante para el algoritmo.

A ese concepto de relevancia, de nueva verdad, parece que nos hemos acostumbrado. Lejos de luchar por recuperar el significado original de las palabras, algo que sin duda acabaremos haciendo, de momento nos contentamos con adaptarnos a lo que deciden y a intentar seguirle la corriente a quienes programan los algoritmos.

Aun así, y por mucho que los buscadores y las redes sociales se hayan convertido en medios de comunicación realmente masivos, su impacto no es total, segmentan el mensaje a grupos de población concretos. Todos no vemos lo mismo cuando nos conectamos a internet, vemos lo que estas plataformas nos ofrecen como relevante. Sin embargo, los mensajes con amplia difusión en estos medios acaban llegándonos a todos, ¿por qué? Pues porque, parafraseando a Monterroso, "el dinosaurio todavía está ahí".

3.2 EL VÍDEO NO MATÓ A LA ESTRELLA DE LA RADIO

They took the credit for your second symphony
Rewritten by machine on new technology
And now I understand the problems you can see.

Buggles.

La canción de los Buggles no dio una. En 1980 decían
que el vídeo había matado a la estrella de la radio.
Entonces, Iñaki Gabilondo aún no presentaba *Hoy
por hoy* en la Cadena SER (arrancó en 1986).
Tampoco, por mucho que nos empeñemos, las redes
sociales han acabado con el consumo de televisión o
radio. Otra cosa es que recibamos los programas de
estos medios a través de fibra óptica y no de ondas
hertzianas.

¿Que los medios "tradicionales" han perdido
influencia? Sin duda. ¿Que seguimos consumiéndolos
de un modo masivo? Es innegable. Las cadenas de
televisión, las emisoras de radio y las cabeceras
informativas tradicionales, ya sea en papel o en su
edición digital, siguen formando parte del
ecosistema encargado de hacernos llegar las noticias.
Su relación con las grandes plataformas digitales es
estrecha y funciona en varias direcciones.

Es obvio que las redes sociales y los buscadores se
nutren en gran medida de la información que
generan los medios. Del mismo modo, estos se han
convertido en una vía de amplificación de lo que

sucede en las plataformas digitales. Los titulares del tipo "arden las redes" convierten en noticia lo que antes eran discusiones de bar, alimentan a los medios con contenido procedente de los usuarios.

Al habitual periodismo declarativo centrado en políticos, deportistas, artistas y famosos varios se ha sumado uno nuevo que recoge las discusiones y las polémicas que tienen lugar en las redes sociales otorgándoles el rango de noticia. Los medios de comunicación se han convertido en un altavoz de las redes sociales, las utilizan como fuente e incluso asumen sus formatos.

Aunque no está claro si fue antes el huevo o la gallina, si se debe a la influencia de los ya no tan nuevos medios o es el modo que los soportes "tradicionales" han encontrado para asegurar sus audiencias, lo cierto es que los formatos supuestamente informativos en televisión y radio se han convertido en discusiones entre contertulios con posiciones enfrentadas. Del mismo modo, las cabeceras tradicionales de prensa han ido centrándose en las opiniones de sus propias audiencias o de sus dueños para salvar los muebles, creándose una situación en la que el frentismo es el paisaje habitual.

Las grandes plataformas digitales se nutren de todo lo publicado por los grandes medios, su relación es muy estrecha. Google, Facebook/Instagram o Twitter tienden a atribuirse todos los éxitos cuando hablamos de influencia. En el caso del marketing empresarial, los gigantes de internet, los soportes publicitarios más grandes que hemos visto nunca, venden una relación directa entre los contenidos que nos muestran, la interacción con esos contenidos y la compra final de un producto. Nos plantean un entorno cerrado en la toma de decisiones difícil de creer.

Si hacemos caso a los datos de seguimiento de una campaña en, por ejemplo, Facebook, la compañía californiana nos contará con sus datos que nuestro mensaje ha llegado a, por ejemplo, 1.000 personas, que de esas, 10 han hecho clic en nuestra página web y 3 han acabado comprando nuestro producto. Pero el embudo de conversión no puede ser tan sencillo, es imposible, ya que el usuario de Facebook suele ser un ser humano con vida más allá de la red social. Aunque no dispongamos de métricas fiables, es fácil presuponer que en la decisión final del usuario influye un ecosistema comunicativo mucho más complejo, en el que los impactos recibidos en otros soportes (radio, TV, prensa, publicidad estática, recomendaciones de viva voz, experiencia física, etc.) también afectan a nuestro comportamiento en redes sociales. Pasamos mucho tiempo en Facebook, sí, pero aún pasamos mucho más tiempo haciendo otras cosas.

Para comunicar adecuadamente, especialmente en campaña electoral, es preciso contar con todo el ecosistema. Lo digital nos obnubila aún, nos sorprende y en muchos casos nos vuelve ciegos. El candidato ganador sabe que hay más pantallas, más interacciones con los posibles votantes que las que se desarrollan en un clic. Los datos en bruto de una única red social pueden reflejar tendencias, pero no representan aún la realidad en su conjunto.

Una prueba de ello es la situación de Podemos en España. Se trata de un partido con un electorado más joven y más movilizado. Su éxito se basa sin duda en el entorno digital, quizá también por una cuestión presupuestaria. Llaman la atención, manejan la agenda, coordinan sus mensajes de un modo adecuado y, sí, es indudable que su irrupción en el panorama electoral fue inmediata, pero... su crecimiento, de momento, se ha estancado.

Las causas de ese estancamiento son cientos, sin duda, y pasan por el desgaste de los candidatos, el miedo a una gestión inexperta, etc., pero cualquiera que mirara solo a los resultados de seguidores en Twitter podría deducir otra cosa. En el momento de escribir estas palabras, @ahorapodemos cuenta con 1.322.170 seguidores, @PPopular se queda a la mitad con 687.575, @Ciudadanos no llega al medio millón con sus 459.838 y @PSOE ocuparía el tercer lugar si esto fuera un ránking con 604.579.

En las redes sociales con un perfil de público más joven y urbanita, Podemos parece claramente un partido ganador, pero la realidad es que el presidente de España es Mariano Rajoy. Puede que uno de los muchos factores que frene el despegue definitivo del partido de Pablo Iglesias no se encuentre en el entorno digital. La presencia en medios tradicionales de la opción de izquierdas es mucho menor, es más, su electorado se concentra tan sólo alrededor de una cadena de televisión, La Sexta[12] y una emisora de radio, la Cadena SER.

Podemos tiene llegada a una gran cantidad de medios minoritarios, pero cuando se trata de fijar la atención en los más masivos, su electorado refleja ser muy reducido en comparación con la competencia. El resto de votantes también se centra en pocos medios, pero con una audiencia mucho mayor, como la que tienen Antena 3, Telecinco o las principales cabeceras de periódicos.

Nuestra percepción de la realidad depende de muchas pantallas y soportes físicos con los que interactuamos todos los días, no sólo de lo que vemos a través del teléfono móvil. Los estudios que aseguran prever los resultados electorales a través del análisis de las redes sociales detectan tendencias, y sólo afinan después de ponderar adecuadamente los resultados para evitar los sesgos que ofrecen la edad, la ubicación, el nivel socioeconómico, etc. Si miramos solo al peso lo que opina la gente en Twitter o en Facebook o lo que busca en Google, sólo veremos una realidad distorsionada o, lo que es lo mismo, una ficción.

---

[12]

http://www.elmundo.es/espana/2016/05/05/572a3e0eca47 41292b8b4691.html

3.3 Más allá del medio: ¿En quién y en qué confiamos?

Papá cuéntame otra vez ese cuento tan bonito.
Ismael Serrano.

La comunicación política, como toda, depende en gran medida del medio, pero no basta con conocer el funcionamiento del ecosistema de distribución de información para ganar. Votar es un acto de confianza total, delegamos el poder de decidir sobre nuestro futuro en un tercero. ¿Qué hace que un candidato se gane la confianza de los ciudadanos?

La palabra confianza nos viene a la cabeza con un amplio abanico de connotaciones positivas, lo que nos incita a pensar que apoyar a un candidato en unas elecciones es siempre una acción a favor de alguien. Pero ya sabemos que no es así, que muchas veces las victorias tienen su origen en las ganas de derrotar a una opción, que el voto tiene una carga negativa innegable.

Puede que existan muchos directores de campaña cuya misión es conseguir que el candidato "enamore" a los ciudadanos, pero ese enamoramiento no se produce casi nunca. Construir una relación en positivo requiere de muchísimo tiempo y dinero para llegar al público suficiente de un modo adecuado. Sin embargo, provocar una reacción negativa movilizadora es mucho más sencillo.

Quiere decir esto que a veces la confianza no se transmite al candidato, si no a su capacidad para realizar ciertas acciones en el corto plazo que cumplan con las expectativas de un sector de la población. En el contexto actual, vemos votantes tradicionales de izquierda otorgando su confianza a candidatos de derechas, ciudadanos con un intachable comportamiento ético llevando al poder a partidos vinculados a la corrupción, partidarios del libre comercio votando por el intervencionismo.

El origen de estos comportamientos puede volver a estar en la incertidumbre. Vivimos un periodo histórico en el que el futuro se presenta como algo inseguro, así que quien ofrece certezas a corto plazo, aunque sean disparatadas y tengan poco recorrido, puede convencernos. No confiamos tanto en el futuro como en encontrar refugios que alivien nuestra ansiedad presente.

El miedo es un factor clave. Tememos ser más pobres, perder el trabajo, ser rodeados por gente distinta, etc. La reacción de cualquiera cuando sólo ve amenazas alrededor es agarrarse con fuerza a lo más cercano, confiar en la primera mano disponible, nuestro mayor enemigo se convierte en un consuelo cuando el contexto es el adecuado.

Nuestro instinto de supervivencia nos lleva a reaccionar de un modo prácticamente automático ante el peligro: huimos del fuego, tememos la oscuridad, nos asustan las alturas, etc. El candidato ganador puede ganarse nuestra confianza mostrándose como la solución inmediata ante una amenaza.

El que aspira a alcanzar el poder desde la oposición siempre tiene la opción de dibujar ante los ciudadanos un escenario apocalíptico, más o menos asentado en la realidad, ante el que se presenta como la única solución viable.

Donald Trump se ofreció como la vía adecuada para superar una larga lista de amenazas. La candidatura republicana mostró la continuidad de Hillary Clinton como una opción continuista de un sistema lleno de peligros para los ciudadanos, como la inmigración, el terrorismo islámico, la expansión económica de China o el jugueteo nuclear de Corea del Norte. La situación económica de un amplio sector de la población, afectada por el crecimiento de la desigualdad derivado en gran medida de la globalización y el desarrollo tecnológico, ofrecía el caldo de cultivo adecuado, el miedo necesario para que la opción disruptiva de Trump fuera, para muchos ciudadanos, esa mano a la que acogerse ante el peligro. Nada influyó la ideología pura y dura, de hecho el propio candidato había apoyado a los demócratas en el pasado, pero los republicanos le otorgaron su confianza.

Inés Arrimadas, la candidata de Ciudadanos a la Generalitat de Cataluña, también fue capaz de ganarse la confianza de un electorado a priori contrario a su posición ideológica. Su victoria en el cinturón industrial de Barcelona, otorgada por un electorado tradicional de izquierdas, se cimentó en su respuesta inmediata ante la amenaza nacionalista. Los votantes confiaron en ella por su capacidad de ofrecer respuesta de un modo rápido ante un peligro inminente. No enamoró al electorado, que en otras circunstancias hubiera votado al PSC, reaccionó rápido ante sus temores y consiguió ganarse la confianza de quienes esperaban una respuesta inmediata a la deriva tomada por los partidos nacionalistas.

Confiamos en relatos compartidos, en espacios intersubjetivos. El candidato capaz de construirlos gana. En su ensayo superventas *Sapiens. De animales a dioses: Una breve historia de la humanidad*[13], el historiador israelí Yuval Noah Harari defiende la idea de que la humanidad avanza gracias a la ficción, a la capacidad de generar historias que nos unen y nos llevan a actuar de un modo determinado. Así, las religiones, las empresas o el dinero se presentan como construcciones colectivas, relatos que compartimos, en los que creemos y en los que nos apoyamos para conseguir objetivos comunes.

El discurso de los candidatos políticos encaja perfectamente en esta fórmula, no confiamos tanto en una persona en concreto, el candidato, como en la historia compartida que es capaz de generar. Si aceptamos un relato apocalíptico con un héroe salvador, acabamos otorgando nuestro voto al

---

[13] Yuval Noah Harari, *Sapiens. De animales a dioses: Una breve historia de la humanidad*, Barcelona, Ed. Debate, 2014.

protagonista. Si ese relato se apoya en datos, en conocimiento de las preocupaciones reales del electorado, la fórmula es ganadora.

3.4 A VUELTAS CON EL RELATO

Estoy viendo molinos.
Ya arreglaremos cuentas.
Extremoduro.

¿Cómo funciona la creación de esos espacios intersubjetivos? ¿Hay fórmulas mágicas? Como seres humanos, somos especialistas en contar historias, en generarlas. Es algo que nos ha permitido evolucionar y ser lo que somos, así que se trata de un ámbito bastante estudiado, un terreno conocido. La experiencia de los últimos milenios nos permite conocer con cierta dosis de precisión qué relatos nos conmueven y cuáles no. La literatura universal es una buena fuente de conocimiento en este sentido.

El intelectual británico Christopher Booker, publicó en el año 2004 su ensayo *The Seven Basic Plots: Why We Tell Stories*[14]. En él, agrupa en siete categorías las transformaciones, los puntos de giro, que hacen que una historia funcione. El listado es el siguiente:

- Vencer al monstruo
- De pobre a rico

---

14 Christopher Booker, *The Seven Plots: Why We Tell Stories*, Bloomsbury Academic, 2006.

- La búsqueda
- Viaje y regreso
- Comedia
- Tragedia
- Renacimiento

Si analizamos las estrategias seguidas por las distintas opciones políticas en los últimos años, veremos que es posible incluir sus relatos en algunas de estas categorías. Puede que nadie ose a presentarse a unas elecciones haciendo de su propio relato una comedia o una tragedia, no tendría mucho sentido, pero el resto de opciones sí que se presentan útiles para empatizar con la sociedad y otorgar una épica adecuada a la competición política.

Cuando el sistema se presenta como un monstruo, luchar contra él moviliza al personal. Es la historia más repetida en los últimos años. Los populismos, de izquierdas y de derechas, o los nacionalismos, utilizan este tipo de narrativa.

Donald Trump es el San Jorge que se enfrenta al dragón de la globalización y el sistema actual. Apoya su relato en los daños que algunos sectores de la población estadounidense atribuyen a ese monstruo: pérdida de puestos de trabajo a causa de la globalización, inmigración, etc. Su perfil en Twitter es la lanza que ataca al sistema. El discurso de Trump escucha las reclamaciones de los más indignados y construye un espacio compartido en el que él mismo se presenta como héroe.

Esa lucha contra el monstruo del sistema favoreció también el auge de Podemos. A partir del descontento tras las manifestaciones del 15M en España, la formación liderada por Pablo Iglesias creció al mostrarse como una opción contraria a lo establecido, al sistema impuesto por los dos partidos hegemónicos, PP y PSOE. Los partidarios de la formación morada extendieron con cierto éxito un relato que cuestiona el proceso de transición a la democracia vivido en el país hace más de 40 años y lo presenta como una opción continuista que mantiene a la élite en el poder. Esa élite es el monstruo a batir.

Para los partidarios del Brexit, el enemigo es evidentemente la Unión Europea, y para las opciones nacionalistas lo es el Estado al que pertenecen. Pero los monstruos no se identifican siempre con el sistema. En la segunda vuelta de las elecciones francesas Emmanuel Macron contó con la fortuna de enfrentarse a una opción que aterrorizaba a gran parte de la población francesa: la ultraderecha de Marine Le Pen. En Argentina, el kirchnerismo era la opción a batir tras haberse identificado en exceso con el sistema. Macri se mostró con un héroe confiable gracias a su experiencia como gestor en el ámbito privado, apareció como una figura consistente en el momento adecuado para vencer al monstruo.

Pero no todos los candidatos utilizan el mismo truco narrativo, el de moda en los últimos años. En España, el PP de Mariano Rajoy sigue explotando el discurso que le llevó al poder tras la segunda legislatura de José Luis Rodríguez Zapatero, la que se vio arrastrada por la crisis económica de finales de la primera década de este siglo XXI y cuyas consecuencias aún colean. Los populares cimentaron su éxito en una historia de viaje y regreso. Su relato venía a decirle lo siguiente a los electores: "Nos quitasteis el poder tras el segundo mandato de José María Aznar, pese a que muchos pensabais que éramos buenos gestores. Ahora, cuando habéis comprobado que sin nosotros llega la crisis, volvemos para reencauzar la situación con nuestra experiencia gestora como bandera". El PSOE de Rodríguez Zapatero no era un monstruo a batir, era un ángel caído que ponía en bandeja el retorno del PP, hacía posible su historia de viaje y regreso.

En otras épocas, han funcionado otros relatos según la clasificación de Booker. La primera victoria del PSOE en España fue sin duda una historia de transformación de pobre a rico. Un partido clandestino durante la dictadura franquista arrasaba y se ponía al frente del país con un mensaje entonces de izquierdas. El propio PCE vivió su historia de renacimiento tras cuatro décadas en la ilegalidad.

Hoy el ánimo social es otro, está el horno para mesías salvadores contrarios a un sistema que, como casi todo en 2018, se considera anticuado.

3.5 ¿DE QUÉ HABLAMOS?

Llegaremos por detrás, silenciosamente.
Trataremos de cambiar el sonido ambiente.
57 grados

La combinación de todo lo visto hasta ahora es lo que sirve al candidato ganador para llevar la voz cantante, para anticiparse y fijar la agenda. En el ecosistema comunicativo de hace un par de décadas, eran los medios de comunicación y los partidos políticos quienes acababan poniendo sobre la mesa los temas a tratar en cada momento, en cada campaña, en cada legislatura.

Las relaciones de influencia han cambiado gracias a las nuevas herramientas digitales y al proceso de transformación cultural que han traído consigo. Los ciudadanos han optado por formar parte del proceso decisor y los dirigentes disponen de una capacidad hasta ahora inédita para conocer lo que quieren los gobernados. Son los superpoderes que nos otorga la tecnología.

Imponer un tema de conversación ya no depende de que alguien destape una noticia, ahora es necesario contar con una historia de anticipación que recoja las inquietudes de los ciudadanos y las coloque en primer plano. Somos cada vez más egoístas, quizá sea un método defensivo y ante la incertidumbre optamos por mirar nuestro ombligo, así que las noticias que servían normalmente para condicionar la opinión pública no siempre cumplen con su cometido a estas alturas.

Fijémonos en la corrupción. En el imaginario colectivo el caso *Watergate* fue un ejemplo gravísimo de comportamiento ilegítimo que acabó, irremediablemente, con el gobierno de Richard Nixon. Se trataba de un caso de abuso de poder. El presidente estadounidense en la primera mitad de la década de los 70 se servía de los instrumentos del Estado para espiar a la oposición. *The Washington Post* destapó el caso y Nixon acabó dimitiendo. Después, libros, películas y hasta series de televisión han construido todo un mito alrededor del caso, una información que hoy podría pasar casi desapercibida, que no formaría parte de la agenda por mucho que un medio relevante la publicara. Tampoco tendría las mismas consecuencias.

Sólo en España, según el Consejo General del Poder Judicial, se produjeron 166 casos de corrupción entre julio de 2015 y agosto de 2016. Son casos que han salido en todos los medios, que han llevado a condenar a centenares de políticos. Sin duda, la corrupción ha hecho que los ciudadanos pierdan la confianza en los dirigentes, pero eso apenas ha influido en la intención de voto[15]. Los medios han denunciado constantemente los casos más relevantes, pero la cantidad ha sido tan alta que se

---

[15]

https://politica.elpais.com/politica/2016/06/28/actualidad/1467136458_721944.html

han convertido en ruido de fondo, en sonido ambiente.

Cuando el CIS realiza su barómetro periódico, los españoles responden a la encuesta situando a la corrupción en el podio de los principales problemas que afectan al país, junto al paro y la clase política. Sin embargo, cuanto toca ir a las urnas, es un tema que desaparece de la agenda. Es el papel de la pared, una decoración que está ahí, de fondo, en la que nadie se fija cuando algo llama la atención en el centro de la sala. La corrupción ya no nos da miedo, hemos aprendido a convivir con ella. No se impone en la agenda, apenas moviliza. El daño que genera es objetivo y racional, puede medirse, pero se asume y pasa a un segundo plano al entrar en competencia con otros asuntos más emocionales.

¿Cómo se fijan ahora los temas de conversación en la opinión pública? Las líneas de influencia se han desdibujado en el nuevo ecosistema informativo. Los ciudadanos se expresan de un modo directo en las plataformas digitales y los políticos también. Los medios de comunicación, cada vez más, se dedican a recoger esas conversaciones que ya se producen en la esfera pública.

El modelo de fijación de agenda empleado por Donald Trump se ha extendido como la pólvora, y tiene en cuenta todos los factores que hemos comentado hasta ahora, como la extravagancia de los mensajes, la paciencia o, por qué no, la mentira, pero siempre con un fuerte anclaje en las percepciones reales de los votantes.

La receta es la que sigue:

a) Escucha adecuadamente al sector de la población al que quieres movilizar y detecta un tema que le preocupe realmente en su día a día.

b) Elabora un mensaje que muestre tu preocupación por el asunto, ofrezca una solución y, de paso, sirva para molestar al adversario político.

c) Publica la propuesta en tus perfiles en redes sociales o cuéntala en un foro público a través de una declaración o un acto susceptible de ser viralizado rápidamente por tus seguidores y por los ciudadanos que quieres movilizar.

Siguiendo este sencillo modelo es posible determinar qué temas centrarán la conversación en cualquier soporte. Fijar la agenda informativa jamás fue tan sencillo para un político. Basta con escuchar bien lo que demanda el posible elector y devolverle lo que quiere de un modo espectacular y notorio.

Trump es el experto a nivel mundial. Su perfil de Twitter no para de seguir esta estrategia. Recoge demandas populares (o populistas, según se mire), las amplifica, las defiende con una extravagancia marca de la casa y se enfrenta con ellas a quien proceda en cada momento. Así consiguió llegar a lo más alto. El candidato republicano tenía al 90% de los medios de comunicación en su contra, pero conseguía que hablaran de los temas que a él le interesaban. Los periodistas se limitaron, y aún se limitan, a reaccionar a los argumentos de Trump.

El muro con México, las noticias falsas, las medidas contra la inmigración, los ataques al *Obamacare*, sus discusiones públicas sobre una posible guerra nuclear con el líder norcoreano Kim Jong-un, etc., son temas de los que todos hablamos y que surgen del teclado del presidente de los Estados Unidos de un modo directo. Sus reacciones a lo que ve se convierten en parte de la agenda pública en cuestión de segundos, calan en la parte de la población que le jalea y ocupan espacio en los medios de comunicación que le critican. Él decide de qué hablamos.

De un modo más sutil y menos peligroso, porque, no nos engañemos, bromear con el botón nuclear es mucho bromear, Podemos ha seguido en España un modelo similar para fijar la agenda, para que la opinión pública debata sobre determinados temas. La diputada Carolina Bescansa llevó a su bebé a la sesión de constitución del Congreso de los Diputados[16]. La foto se compartió inmediatamente, los medios la recogieron y todos, en las redes sociales, nos pusimos a hablar sobre la conciliación familiar con el trabajo. Sí, había partidarios del

---

[16]

https://politica.elpais.com/politica/2016/01/14/actualidad/1
452771662_840526.html

partido morado y detractores, pero el tema de conversación quedaba claro.

Del mismo modo, cuando Irene Montero se dirigió en el Congreso a los "portavoces y portavozas" de los diferentes grupos parlamentarios en febrero de 2018, consiguió convertirse en el foco de atención de todo el país en cuestión de minutos. Con lo complicado que es centrar los ojos de todo un país en unas declaraciones en el actual ecosistema de comunicación. Sus detractores, principalmente desde el Partido Popular, se mofaron de ella, con lo que eso supone de alegría para el electorado de Podemos[17].

El momento era propicio, con movimientos globales en defensa de la mujer, como el #metoo liderado por la industria de Hollywood, en su punto más álgido. Así que lo que Montero consiguió fue impulsar el debate sobre la igualdad de género por tierra, mar y aire, incorporando a su partido como actor principal en defensa de una causa justa. ¿Que a gran parte de la población le pareció un debate absurdo, un disparate lingüístico? Sin duda, pero todos tenemos clara la posición de Podemos cuando se trata de igualdad de género.

---

[17] http://www.eldiario.es/rastreador/ABC-portada-portavozas-Irene-Montero_6_738836114.html

4 A QUIÉN LE FUNCIONA

4.1 EL CANDIDATO IDEAL, EL CANDIDATO PERDEDOR

We are the ones who make a brighter day
So let's start giving.
Michael Jackson

Si nos preguntan en una encuesta, todos diremos que queremos que gane las próximas elecciones alguien honesto, transparente, preparado para el cargo y con una trayectoria ética intachable. Todos confiaríamos nuestro voto a un candidato capaz de ilusionarnos con propuestas positivas, unitarias, centradas en mejoras sociales y económicas, nada polarizadoras. Cuando nos preguntan en una encuesta, como cuando mostramos nuestra vida en Instagram, todos nos sumamos al coro de *We are the world*[18].

Por eso se equivocan las encuestas, porque tendemos a mentir, porque somos tan humanos como los políticos. Porque no nos ponemos de acuerdo en el significado de palabras como ética, honestidad o transparencia. Joe E. Brown tenía toda la razón al recordarle a Jack Lemmon en el maravilloso cierre de *Con faldas y a lo loco*[19] que "nadie es perfecto". El candidato ideal no existe, es

---

[18] https://www.youtube.com/watch?v=Zi0RpNSELas
[19] https://www.filmaffinity.com/es/film353180.html

una imagen ficticia que cada uno puede aplicar a quien considere oportuno en función de sus preferencias, pero rara vez ese perfil se ajustará a un arquetipo universal, compartido por todos.

El candidato ganador es diferente, es terrenal, es el que convence a quien tiene que convencer, y para conseguirlo no siempre se ajusta al ideal de político que tenemos en mente. Una cosa es quién nos gustaría que nos representara y otra muy distinta a quién acabamos votando. Emociones y razón libran una dura batalla cada vez que cogemos una papeleta y la insertamos en una urna.

Las motivaciones del votante pueden clasificarse en dos simples categorías. Por un lado están quienes acuden a las urnas con ánimo aspiracional, ilusionados por un candidato con el que se identifican, que les ilusiona, que representa su ideal. Es un voto fiel, fan, casi inamovible. El votante enamorado del candidato no se detiene a leer propuestas. A este perfil basta con darle algo de cariño.

Las motivaciones de los demás para dar su apoyo a un candidato tienen más que ver con temas puntuales: mantener el estatus propio, evitar que gane el enemigo, apoyar una causa puntual de la que se espera un resultado inmediato a favor. Son motivos egoístas y no siempre positivos, pero son los que hacen que alguien se plantee modificar su voto.

A este segundo grupo es a quien se dirigen en realidad los relatos y las tácticas vistos hasta ahora.

Hay que identificar quiénes son, qué argumentos les mueven, si son votantes olvidados o huérfanos, y decidir qué contarles, cómo y cuándo. No tiene por qué tratarse de un grupo numeroso, de hecho, el candidato ganador, a diferencia del candidato ideal, no necesita sumar el esfuerzo de todos, sabe que no es eficiente movilizar a las masas en su totalidad.

La microsegmentación que veíamos anteriormente, una estrategia favorecida por la tecnología, tiene como fin último detectar y convencer a este tipo de perfil. Son ciudadanos sensibles al cambio de voto a través del relato.

4.2 Cuestión de cantidad

Enough is enough.
Donna Summer y Barbra Streisand

Podemos pensar que la democracia se basa en convencer a una mayoría para después representar a la totalidad de los ciudadanos, pero en la práctica esta afirmación no es real. Los distintos sistemas electorales permiten gobernar con mucho menos de la mitad del apoyo de los ciudadanos. En el nuevo entorno en el que nos movemos, con los partidos políticos tradicionales perdiendo apoyos y credibilidad a un ritmo acelerado y con nuevas opciones emergentes presentándose ante el electorado, conseguir una mayoría real es utópico.

Los resultados electorales reflejan cada vez más la diversidad de la sociedad, lo que no significa que esa variedad acabe siendo justamente representada. El candidato que aspira a gobernar sabe que tiene que centrarse en el número de votos que le harán ganador, lo que no tiene nada que ver con contentar a la mayor parte del electorado.

Es paradigmático el caso de Francia. Nadie le ha sacado tanto partido a tan pocos votantes como Emmanuel Macron. Su victoria en la primera vuelta de las presidenciales fue la clave de todo. Consiguió el apoyo de un 24% de quienes acudieron a las urnas. Esto significa que movilizó a 8.656.346 votantes sobre un total de registrados de 47.582.183. La abstención superó el 22%.

Esos votantes son los únicos que optaron por un programa claramente europeísta, el único defensor del acuerdo comercial CETA entre Canadá y la UE, dispuesto a realizar una reforma laboral, aplicar algunos recortes, etc. Las medidas de Macron, en esa primera ronda, si miramos los datos con frialdad, no recabaron un apoyo suficiente.

Sin embargo, una vez superado el primer corte, todo fue coser y cantar. El miedo a la ultraderecha de Marine Le Pen hizo que más de 20.000.000 de franceses eligieran al candidato Macron como presidente. ¿Apoyaban esos 20 millones las medidas propuestas por el líder de *En Marche!*? Sin duda, no, pero no había otra alternativa para los votantes socialistas y republicanos, no votar a Macron suponía caer en manos de la extrema derecha del Frente Nacional.

En Francia, al candidato ganador le bastó con que su campaña de comunicación movilizara a una minoría de la sociedad. La estrategia puerta a puerta de su movimiento no pudo ser más eficiente. ¿Será capaz el nuevo presidente de representar a todos los ciudadanos franceses con unas medidas que sólo apoyaron en realidad menos de 9 millones de electores? Está por ver, pero no parece que sea una de sus mayores preocupaciones. Ya está donde quería estar.

El caso francés es el más desproporcionado, pero la situación, salvando las distancias, se repite en casi todas las democracias occidentales. Pocos presidentes de Gobierno o primeros ministros han necesitado convencer a la mayoría de sus representados para alcanzar el poder.

En Estados Unidos, las particularidades del sistema de elección presidencial, basado en la elección de un colegio electoral que representa a los distintos estados, permitió que Donald Trump llegara a la Casa Blanca consiguiendo menos votos que Hillary Clinton.

La comunicación y las campañas de pago en redes sociales del candidato republicano fueron adaptándose a las necesidades electorales, a la posibilidad de movilizar masas concretas de votantes en algunos estados. Brad Parscale, gurú digital de la campaña que llevó a Trump a lo más alto, colaborador directo de su yerno, Jared Kushner, contó en el programa *60 minutes* de la cadena CBS cómo fue su última semana de campaña: "Tomé cada centavo que pude y lo moví a Michigan y Wisconsin. Y comencé a comprar anuncios digitales y de televisión"[20]. No se trataba de convencer a todos, si no de dirigirse a los adecuados en tiempo y forma.

Parscale, durante los meses previos a las elecciones, contó con un equipo de más de 100 personas dedicadas a crear y modificar en tiempo real anuncios en Facebook para favorecer los intereses del candidato. La cifra de anuncios que actualizaban diariamente en esta red social asusta: entre 50.000 y 60.000. Todo un ejemplo de industrialización de la comunicación "uno a uno", una manera de conseguir apelar casi personalmente a votantes que se sienten únicos para que formen parte de una masa de tamaño suficiente como para ganar las elecciones.

El éxito de Brad Parscale ha hecho que Donald Trump haya anunciado ya, en 2018, que será él quien lidere su campaña a la reelección en 2020. Recordemos que para ganar no basta con conocer las técnicas adecuadas e irlas adaptando en tiempo real. Además, hay que tener paciencia, y quizá por eso el presidente estadounidense ya ha empezado a abonar el terreno para la próxima contienda en las urnas.

---

[20]

http://www.lavanguardia.com/internacional/20180228/441130964966/brad-parscale-redes-sociales-campana-trump.html

El caso es que seguro que para conseguir la permanencia en la Casa Blanca, Trump sigue optando por no convencer a la mayoría, como todos. Mariano Rajoy gobierna España con poco más del 33% de los votos a su favor, una cifra que puede seguir menguando en próximas convocatorias. En todo caso, gane quien gane las siguientes elecciones en España, difícilmente podrá conseguir un porcentaje similar. El voto, como el discurso, se divide, el reto es calcular cuántos apoyos son suficientes. Carles Puigdemont, por ejemplo, ha considerado hasta ahora suficiente el voto de menos de la mitad del electorado para avanzar en sus aspiraciones independentistas para Cataluña.

El truco está en saber con cuántos votos te conformas, con cuántos tienes margen de maniobra para llegar a lo más alto. El suelo electoral importa más que el techo. Movilizar a los necesarios, ni uno más, es suficiente.

En la comunicación empresarial es habitual querer llegar a todo el mundo, convencer al máximo número de clientes y no molestar a ninguno, ya que cada individuo es una posible fuente de ingresos. En la comunicación política la dinámica es distinta, ya que el beneficio puede conseguirse apelando tan sólo a unos pocos, aunque los demás estén en contra.

4.3 EL LOBO SOLITARIO

Go it alone. You got it, so it goes.
Pearl Jam

A estas alturas el lector ya se habrá dado cuenta de que en este libro hay más nombres propios que siglas, que importa más el candidato que la formación por la que se presenta. Hay varios factores que han hecho que esto sea así. Los partidos políticos tradicionales han perdido credibilidad en los últimos años. Se perciben como algo antiguo, desgastado. La corrupción puede que no afecte en gran medida a candidatos concretos, pero sí que ha hecho mella en las siglas, poco a poco.

Sobre ese panorama decadente de los partidos tal y como los conocíamos emergen las figuras casi mesiánicas de los candidatos ganadores, casi siempre lobos solitarios peleando contra un sistema creado por un conjunto de opciones partidistas ya desgastadas. Su relato antisistema se refuerza cuando la personalidad se impone a las ideologías tradicionales. Esto asusta un poco, ya que históricamente las veces en las que "el hombre nuevo" ha aparecido para solucionar los problemas de la humanidad hemos acabado matándonos entre todos.

Donald Trump ha cambiado varias veces de partido a lo largo de su vida. Según le interesaba militaba en las filas demócratas o en las republicanas, aportaba dinero a las campañas de los unos o de los otros.

Como millonario excéntrico ha llegado a apoyar opciones contra las que se ha mostrado muy beligerante como candidato. En 2010 llegó a financiar a los demócratas para que obtuvieran mayoría en el senado con el *Obamacare* sobre la mesa. Trump es ahora un presidente republicano, lo cual no es más que un accidente, porque en realidad sólo mantiene fidelidad a sí mismo y no al partido con el que llegó al poder.

En gran medida, el éxito de Emmanuel Macron también se debe a su rechazo del sistema partidista tradicional, ese que le llevó a ser ministro de Economía durante el gobierno socialista de Françoise Hollande. Macron dejó su cargo y se desvinculó del partido, montó un movimiento con sus propias siglas *En Marche!* y afirmó que las ideologías de derechas o de izquierdas eran algo superado, que su candidatura estaba por encima de esas diferencias, según él, ya superadas.

En Cataluña, CiU, el partido con mayor tradición de gobierno en la Generalitat, se disolvió en 2015 tras la separación de los dos partidos que formaban la coalición: Convergencia Democrática de Cataluña y Unión Democrática de Cataluña. El modo de afrontar el proceso soberanista forzó el divorcio de un matrimonio histórico que, además, se había visto envuelto en varios casos de corrupción tras décadas en el poder.

CDC se presentó a las elecciones autonómicas de 2015 dentro de la coalición Junts pel Sí, junto a partidos de ideología muy distinta, como ERC y las organizaciones independentistas ANC y Òmnium. Su victoria hizo presidente de la Generalitat a Artur Mas, que tuvo que ceder el mando a Carles Puigdemont tras ser inhabilitado por la justicia por desobediencia al organizar la consulta popular independentista del 9 de noviembre de 2014. Para complicar aún más las cosas y desligarse de un pasado que convertía a CDC en parte del sistema, el partido se refundó en 2016 y cambió de nombre para convertirse en el Partido Demócrata Europeo Catalán (PDdeCat).

Puigdemont heredó el puesto de president de la Generalitat, pero no el de presidente del partido. Siendo miembro del PDdeCat, y un histórico militante de CDC, el ex alcalde de Girona ha optado por mostrarse ante los suyos como una personalidad aglutinante de movimiento independentista catalán que trasciende las siglas.

A las elecciones de diciembre de 2017 se presentó como una coalición, Junts per Catalunya, formada en realidad por el propio PDdeCat y su personalidad anterior, CDC. Rocambolesco. Pero detrás de este movimiento lo que se escondía no era más que la conversión de las siglas en una opción personalista, con parte de las listas elaboradas por el partido y otra parte, significativa y relevante, elegida por el candidato. De nuevo, en oposición a un partido convencional, con una historia de éxitos y fracasos de largo recorrido, surgía el hombre nuevo capaz de sumar voluntades alrededor de su propuesta política independentista.

El candidato ganador hoy en día prefiere las siglas que forman su nombre y apellidos a las de su propio partido, salvo que ambas coincidan.

5 EL SIGUIENTE PASO

LOS QUE VIENEN DESPUÉS

No you won't fool the children of the revolution
T-Rex

Polarización, mentiras, difusión movilizadora de sectores muy concretos, herramientas que permiten conocer al electorado mejor de lo que nunca soñó el Gran Hermano de Orwell, campañas basadas en altos presupuestos para industrializar el susurro al oído de cada ciudadano, actitudes mesiánicas, egoísmo, puede que lo visto hasta este momento pueda resultar deprimente. De hecho lo es. Pero no es eterno. Nada de lo humano tiene pinta de serlo.

Las mismas herramientas que han propiciado el cambio, de las que se han aprovechado los últimos candidatos ganadores, conllevan el cambio cultural que puede darle la vuelta a la tortilla, que puede conseguir que las estrategias utilizadas hoy sean estériles a medio plazo.

La revolución digital no ha hecho más que empezar y todos somos víctimas de la fascinación por el cambio que estamos viviendo. Eso nos ha hecho bajar la guardia. Todavía no sabemos leer adecuadamente lo que sucede en el nuevo ecosistema informativo. Nos ciega la herramienta, tan aparentemente efectiva, tan eficiente, tan predispuesta a decirnos lo que queremos oír que nuestro ego se ha convertido en la puerta de atrás a través de la que se nos cuelan los mensajes que nos activan, que nos dan la razón.

Los que han sido capaces de entender estos nuevos mecanismos de influencia en primer lugar son los que se han llevado el gato al agua, pero esa ventaja temporal no es tan grande y tampoco es definitiva. Las compañías dominantes seguirán modificando sus algoritmos y todos nos acostumbraremos a distinguir el grano de la paja. Entenderemos, quizá ya lo estamos haciendo, que Google, Facebook/Instagram o Twitter no son ONGs ni organismos supranacionales dedicados a proporcionarnos servicios gratuitos, veremos que son un negocio, los percibiremos como tal e incorporaremos su modo de generar ingresos a nuestra cotidianeidad, pero sin perder de vista, como hacemos ahora, que su misión es esa: ganar dinero.

En algún momento las palabras recuperarán su sentido o adquirirán uno nuevo. Hoy es relevante lo que el algoritmo entiende que es relevante, pero el algoritmo muta y mañana le otorgará la relevancia a otra cosa más rentable. Habrá que estar atentos. En todo caso, lo verdaderamente importante es que, gracias al cambio tecnológico y cultural, estas tácticas empleadas hasta ahora por los candidatos ganadores están prácticamente al alcance de todos, exceptuando, claro está, las que implican un alto coste publicitario. Esas, las campañas masivas en redes sociales, siempre serán para la élite, como los anuncios en televisión en *prime time.*

Pero con el tiempo el escenario va a variar considerablemente. Siempre lo hace. Lo que para algunas generaciones es hoy una fuente de incertidumbre, el cambio constante, será algo asumido como normal por quienes vienen detrás. Esa sensación de ansiedad ante el futuro imprevisible no será la dominante, y ese cambio de actitud dibujará un entorno completamente distinto. Los niños que ocupan en estos momentos las clases de primaria llevan la revolución digital instalada en el cuerpo, no les fascina, ya estaba aquí cuando ellos llegaron, y eso les hace más libres, menos miedosos. Para ellos no hay revolución que valga. Sin incertidumbre, igual la polarización no funciona.

Puede que, por el camino, las generaciones en el poder cometamos graves errores, que llevemos nuestra existencia al límite, al fin y al cabo las grandes crisis mundiales no son escasas, pero llegarán quienes nos harán mejores.

A estas alturas es posible que el lector se queje. Descubrir después de tantas páginas un mensaje de paz y amor para el futuro propio de una banda de rock californiana de finales de los años 60 puede resultar decepcionante, así que toca mojarse y apostar por medidas más concretas, intentar predecir qué hará que un candidato gane las elecciones en los próximos años, mientras a esos niños fuente de esperanza les llega la hora de tomar las riendas

5.1 EL CONTACTO FÍSICO

Come on, come on, come on, come on
Now touch me, baby
Can't you see that I am not afraid?
What was that promise that you made?
The Doors

Estamos tan fascinados por los superpoderes que nos otorga nuestro teléfono móvil que a veces no nos damos cuenta de lo que nos influye en mundo físico, ese en el que habitamos realmente. No dejamos de mirar pantallas en las que suceden muchas cosas a una velocidad inasumible. Miramos, miramos, actualizamos, pero luego no recordamos gran cosa. Nuestro cerebro tiene una capacidad asombrosa pero limitada a la hora de procesar datos. Las máquinas nos ayudan a conservar la memoria, pero es una memoria externa a nosotros mismos.

Los recuerdos, la información que retenemos y que nos influye, siguen fijándose en gran medida a través de la experiencia física. Cada vez se habla más del marketing experiencial, de generar historias reales, no sólo de contarlas. Recordamos mejor la información asociada a varios sentidos, la que además de visualizar podemos oler, tocar, escuchar o, por qué no, saborear.

En la comunicación empresarial esta tendencia ya
está al alza, y en la política las visitas casa a casa de
Mauricio Macri o los mítines de Trump tienen
bastante que ver con ella. Hubo un tiempo en el que
las campañas electorales tenían mucho que ver con
llevar al candidato a besar niños en los mercados
municipales, quizá no sea necesario repetir esas
escenas, pero sí que el contacto con la calle volverá a
ser fundamental. Es una cuestión de confianza.
Creemos en lo que podemos tocar, ver de cerca.
Como votantes, nos gusta que las distancias se
reduzcan, que los políticos salgan de su poltrona.

El retorno a lo físico puede parecer contraintuitivo
cuando en estos momentos la mayor parte de la
interacción entre los dirigentes y los dirigidos se
produce en entornos digitales. Todavía damos
crédito a la autenticidad de los perfiles en redes
sociales y, ojo, no hay autenticidad que valga. En
Facebook/Instagram o Twitter construimos una
imagen de nosotros mismos fiel a cómo queremos
que nos vean, no a cómo somos. Eso nos pasa a
todos. Construimos personajes más o menos
similares a nuestra persona, pero no iguales. El salto
del perfil digital al físico se nota, y genera confianza,
cercanía, que es lo que hoy en día no tienen la
mayoría de los candidatos a cualquier tipo de
elecciones.

En el medio plazo, los directores de campaña
deberán competir para generar experiencias
compartidas, momentos únicos capaces de
transmitir adecuadamente el relato del aspirante y

movilizar al público deseado. La movilización segmentada que hoy se produce en Facebook puede ser garantía de éxito si se lleva a los pueblos, las ciudades y sus barrios. Es cuestión de estrategia, táctica y paciencia.

Igual que los cines intentan atraer nuevas audiencias con salas de proyección de alta tecnología que reproducen el clima y los olores de cada escena, los candidatos deberán preocuparse por crear momentos memorables, palpables, más movilizadores que un clic en una plataforma web de apoyo al partido.

5.2 LA BATALLA POR LA NOTIFICACIÓN

Mama take this badge from me
I can't use it anymore
It's getting dark too dark to see
Feels like I'm knockin' on heaven's door
Bob Dylan

Algunas de las tendencias que vemos ahora sólo pueden ir a más. Llamar la atención, tal y como evoluciona el ecosistema mediático, se ha convertido en una competición frenética. Hubo una época en la que el teléfono de tu casa sonaba, lo cogías, y aparecía un mensaje grabado del candidato pidiendo tu voto. Hace no tanto, que sonara el teléfono o el timbre de la puerta era algo excepcional, significaba que iba a pasar algo.

Ahora vivimos acosados por las notificaciones. Nuestros teléfonos móviles suenan cientos de veces al día, por llamadas, por mensajes de texto, por el correo electrónico, por las redes sociales, por la publicidad machacona de las empresas de las que somos clientes o de empresas que compran bases de datos a las empresas de las que somos clientes. Hacerse notar en ese entorno no es fácil, es el gran reto.

Esta guerra se recrudecerá, y se trata de una guerra, en gran medida, contra el algoritmo.

5.3 La Inteligencia Artificial y Cognitiva

Wir sind auf Alles programmiert
Und was do willst wird ausgefuehrt
Wir sind die Roboter

Kraftwerk

Puede que solos no consigamos aprender a leer la realidad digitalizada. En la maraña de datos, plataformas y algoritmos los humanos no somos del todo eficientes. Afrontar con garantías una campaña capaz de generar resultados pasa por integrar a las máquinas en la estrategia.

La intencionalidad en la comunicación siempre vendrá del lado humano y eso no sólo tiene que ver con el diseño de los mensajes y la estrategia. También habrá que incorporar a las rutinas de trabajo la confección de herramientas de inteligencia artificial y cognitiva capaces de facilitar de un modo adecuado la comprensión del nuevo entorno.

Se trata de ser dueños del dato y del conocimiento que ofrece, no dejarlo en manos de terceros como Facebook, Google o Twitter. Si somos capaces de generar algoritmos que se entiendan con el resto de algoritmos y nos faciliten el acceso a la información de valor que necesitamos, tomaremos decisiones más precisas. Se trata de una evolución del uso de datos y plataformas que ya se empieza a utilizar en comunicación política, pero cogiendo el toro por los cuernos.

6 EN DOS PALABRAS

It's so easy, easy
When everybody's tryin' to
please me, baby

Guns 'n' Roses

Al igual que sucede en la comunicación empresarial, en el terreno de la política hay dos palabras que no hay que perder de vista: desintermediación y relevancia. La tecnología nos facilita la primera y nos dificulta la consecución de la segunda.

Lo complicado en un ecosistema falsamente fragmentado está en poner de acuerdo a grandes grupos de personas con intereses comunes y establecer un diálogo sólido con ellas, un intercambio de información provechoso, relevante para los interlocutores.

El reto no es fácil, implica dedicar tiempo a entender lo que sucede, a pulsar el ánimo social a través de las herramientas oportunas. Requiere diseñar esas mismas herramientas como parte de la estrategia para poder elaborar mensajes adecuados capaces de llegar en tiempo y forma a las audiencias de modo que la influencia sea real y permita generar masa crítica alrededor de determinados intereses. Precisa de la interpretación correcta de lo digital y lo físico, pues la realidad en la que nos movemos es única, pero combina esas dos caras.

www.ingramcontent.com/pod-product-compliance
Lightning Source LLC
Chambersburg PA
CBHW031255250726

48655CB00005B/2228